Eppure questo tripudio di vita anima
i sepolcri. Sono gli affreschi della tomba
del Triclinio, a Tarquinia. Testimoniano
i riti funerari, ma soprattutto la vita
e la ricchezza della classe dominante etrusca
all'inizio del V secolo a.C.

Senza l'opera di archeologi artisti come
Carlo Ruspi, che nel quarto decennio
dell'Ottocento ricalcò tanti
affreschi funerari, oggi non resterebbe
più nulla di questi dipinti, destinati col tempo
a degradarsi e talvolta a sparire completamente.

ciambellette

Rosa
Rosa
Carne

non va
Color di

tutto buccaro
Rosa

la Carne della Donna, più chiara assai di quella degli uomini
Color di Carne chiaro
Bianco
tutto Rosso

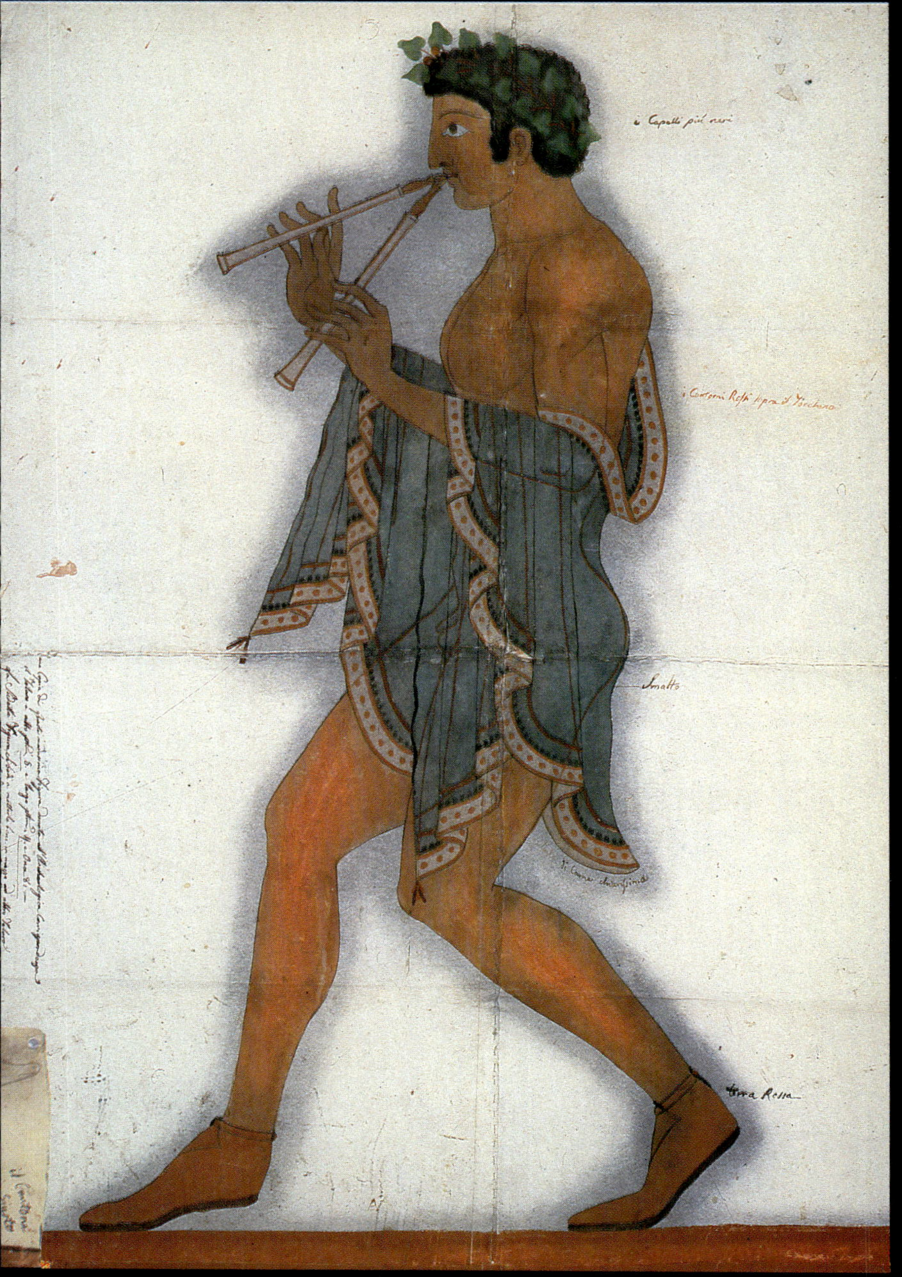
i Capelli più neri
Smalto
Terra Rossa

SOMMARIO

GLI ETRUSCHI

IL MISTERO SVELATO

Jean-Paul Thuillier

UNIVERSALE ELECTA/GALLIMARD
STORIA E CIVILTÀ

I. ETRUSCOMANI, ETRUSCOLOGI

Tutto comincia nella Firenze della seconda metà del Quattrocento. Gli umanisti riscoprono gli etruschi e li proclamano loro antenati. Nasce un mito e subito si accendono polemiche a non finire sulle origini e sulla lingua dell'antico popolo scomparso. Ancora oggi storici e archeologi devono lottare contro il pregiudizio, duro a morire, del "mistero" della civiltà etrusca.

Il Settecento vede moltiplicarsi gli scavi sul suolo etrusco (pagina a fronte). Purtroppo il rigore scientifico non è pari all'entusiasmo, e non sempre si riesce a distinguere con precisione ciò che è davvero etrusco da ciò che è invece greco o romano. Un esempio classico: la ceramica dipinta (a sinistra).

ETRVRIA
CAELI TEMPERIE
AGRORVM CVLTV
VRBIVM ET OPPIDORVM
CELEBRITATE
VILLAR ET SVBSTRVCTIONVM
FREQVENTIA
INSIGNIS
LIVORNO
GORGONA
CAPRAIA
SIENA
Lago di Castiglione
MARE
TYRRHENVM

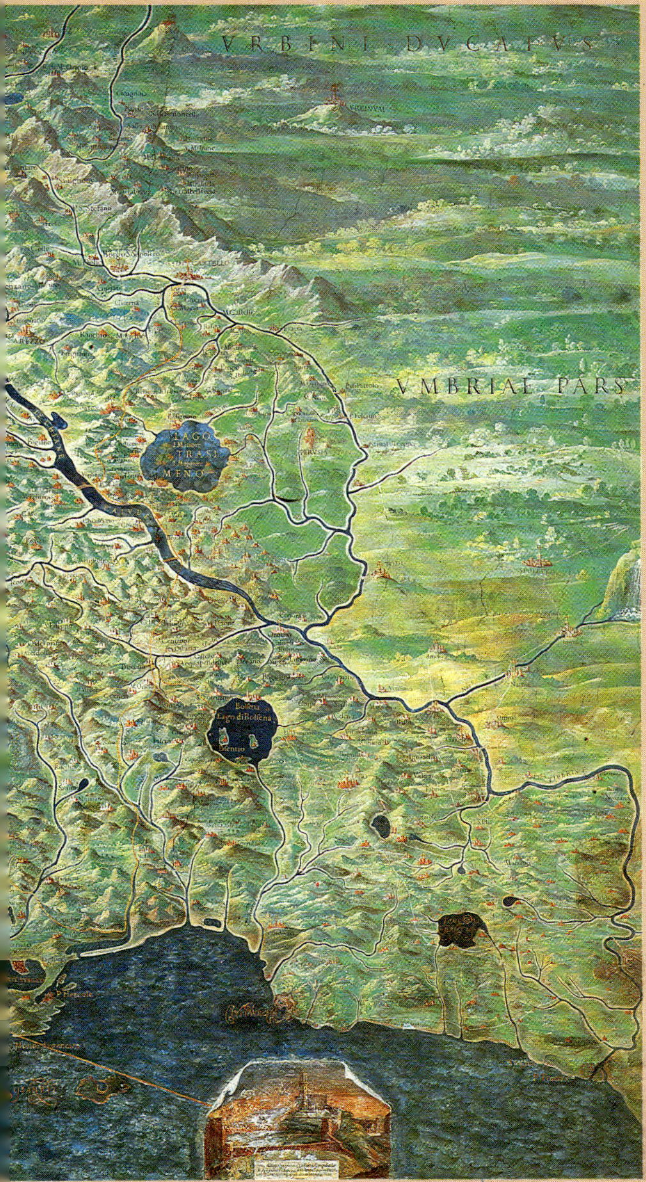

La rappresentazione di una città

I *tusci*, come i latini chiamavano gli etruschi, hanno legato il loro nome all'odierna Toscana, i cui confini, però, non collimano con quelli dell'antica Etruria. La regione antica, infatti, era molto più vasta: comprendeva anche parte del Lazio (a Roma la sponda destra del Tevere era chiamata *ripa etrusca*) e dell'Umbria, come vediamo in questo affresco della Galleria delle carte geografiche del Vaticano.
L'Etruria tirrenica (da *thyrrhenoi*, nome greco degli etruschi) era, a sua volta, solo una porzione del territorio su cui si estendeva la civiltà etrusca, che a nord, passando per Bologna, si spingeva oltre il Po (Mantova, Spina), e a sud si addentrava in Campania (Pompei, Capua, Pontecagnano).

Tutte le civiltà sono mortali, è vero, ma non sempre è facile determinare quando sono finite o finiranno. Gli etruschi erano i primi a ritenersi destinati alla scomparsa: nei libri sacri raccolti nella cosiddetta *disciplina etrusca* si dice che l'Etruria durerà dieci secoli e che il periodo di transizione fra ciascun secolo e il successivo sarà contrassegnato da un evento straordinario. Secondo gli aruspici, esperti nell'indovinare il futuro osservando le interiora delle vittime, l'epoca augustea sarebbe coincisa con l'ingresso nel decimo e ultimo secolo. La fine dell'Etruria, quindi, si sarebbe verificata più o meno durante la metà del primo secolo dell'era cristiana. In realtà è più giusto affermare che la prima grande civiltà nata nel territorio della penisola muore nel III secolo a.C., e precisamente intorno al 265-264, quando l'ultima città etrusca ancora libera, Volsinii (oggi Orvieto), cade sotto i colpi dell'esercito romano comandato da Marco Fulvio Flacco. A morire non è una città fra le tante, bensì la capitale politico-religiosa dell'Etruria, la "Delfi etrusca".

Su questo specchio di bronzo di Vulci (fine del V secolo a.C.) un aruspice esamina il fegato di un animale sacrificato (sull'ara giacciono trachea e polmoni). È Calcante (*Chalchas*), l'indovino dell'*Iliade*.
Le ali, attributo soprannaturale, testimoniano la rielaborazione, in ambito etrusco, dei miti greci.

Una morte lenta e inesorabile

La perdita dell'indipendenza da parte dell'Etruria non coincide però con la fine della sua civiltà: lo dimostrano i tanti manufatti artistici ancora prodotti fra il III e il I secolo. L'etrusco continua a essere parlato, scritto e compreso: il latino lo sostituisce lentamente e per gradi. Gli ultimi epitaffi in etrusco risalgono alla metà del I secolo d.C. Dal momento che la fine dell'etrusco nelle iscrizioni coincide grosso modo con l'ultimo secolo della nazione etrusca secondo gli aruspici, potremmo fermarci qui.

Ma è proprio questa la data che corrisponde al

primo vero e proprio *revival*. Infatti durante il regno di Augusto e quello di Claudio assistiamo a una specie di ricostruzione archeologica della lega etrusca: all'atto di realizzare l'unificazione amministrativa della penisola Roma si richiama a quella precedente esperienza. Un tempo esisteva un magistrato superiore della federazione (in etrusco lo *zilath mechl rasnal*); adesso le iscrizioni ci fanno conoscere alcuni "pretori ed edili dell'Etruria", fra i quali troveremo addirittura l'imperatore Adriano. Questa prima rinascita dell'Etruria è confermata da altri documenti contemporanei: un bassorilievo frammentario di marmo scoperto a Cerveteri (il "trono di Claudio") e le epigrafi latine di Tarquinia (gli *Elogia*). Queste ultime mostrano come in alcune grandi famiglie etrusche, quali gli Spurinna, persistessero certe tradizioni imperniate sulle imprese dei principali personaggi della *gens* vissuti nel V e nel IV secolo a.C. Nello stesso periodo altre statue – come quella di Tarconte, il fondatore dell'Etruria delle dodici città – e iscrizioni – come quelle degli aruspici più celebri – ricordano ai cittadini di Tarquinia la grandezza reale (o supposta) del loro passato.

Claudio, il primo imperatore etruscologo della storia

L'aspetto più significativo della rinascita dell'Etruria è rappresentato dalla figura dell'imperatore Claudio, uno dei primi etruscologi della storia. Lo storico Svetonio (ca 70-140) ci dice che Claudio scrisse una storia degli etruschi in venti libri, andata malauguratamente perduta. Di questa vocazione imperiale ci resta comunque un'altra prova: la *Tavola claudiana* di Lione, che riporta, inciso nel bronzo, il testo di un discorso pronunciato da Claudio in Senato.

L'imperatore vi enuncia i precedenti storici della politica di apertura che intende intraprendere

L'aruspicina era una tecnica divinatoria che i romani consideravano tipicamente etrusca. Essendo però la sua pratica attestata anche a Babilonia, alcuni ne deducono che il popolo etrusco sia originario dell'Oriente. Il fegato era il più importante fra gli organi da esaminare. Questo modello bronzeo di fegato di montone, trovato vicino a Piacenza, doveva essere lo strumento didattico di una scuola di aruspicina; i quaranta scomparti portano inciso il nome di varie divinità, come Fufluns (il Dioniso-Bacco etrusco), Uni (Era-Giunone) e Tin (Zeus-Giove).

nei confronti dei notabili della Gallia; una causa non secondaria della grandezza di Roma, secondo lui, è la capacità di assimilazione, la volontà di integrare gli stranieri. Già agli albori della sua potenza Roma ebbe re sabini ed etruschi: e qui Claudio si diffonde sul caso di Servio Tullio, il sesto re di Roma, latino a detta di alcuni, etrusco secondo gli autori etruschi.

All'epoca dell'imperatore Costantino si tengono ancora i giochi panetruschi

Nella prima metà del I secolo d.C. l'Etruria, romanizzata, è politicamente e militarmente defunta. La sua seconda giovinezza deriva invece dall'entrata in vigore di nuove istituzioni che vengono a unirsi alle tradizionali e dall'interesse per il passato di molte personalità influenti legate alla regione. Questa rinascenza etrusca non si esaurisce in breve tempo: ancora nel IV secolo, al tempo di Costantino, sulle sponde del lago di Bolsena – dove gli abitanti di Volsinii erano stati deportati dopo la presa e la distruzione della loro città fortificata – si svolgono giochi di grande risonanza. Sono forse gli eredi delle manifestazioni panetrusche del Fanum Voltumnae, il santuario di Voltumna, signore dell'Olimpo etrusco? La lega etrusca e i suoi magistrati avevano una funzione essenzialmente religiosa e l'allestimento dei giochi restava un compito di primaria importanza, proprio come ai tempi dell'indipendenza. A Bolsena non si parla più l'etrusco e agli antichi cerimoniali si preferisce ormai lo spettacolo cruento dell'arena; tuttavia gli spettatori sono ancora consci di appartenere a quella grande comunità che, quasi mille anni prima, dominava buona parte della penisola.

L'*Arringatore* alza il braccio destro per invitare la folla a far silenzio (*silentium manu facere*, dicevano i romani) per ascoltare il suo discorso. L'iscrizione in etrusco incisa sulla parte inferiore della toga ci dice che la statua – destinata forse a un santuario – raffigura Aule Meteli, un notabile di Perugia o di Cortona. Questo bronzo, a grandezza naturale (è alto 1,79) fu scoperto nel 1566 a Pila, presso Perugia, e risale alla fine del II secolo a.C.; dopo la concessione all'Etruria della cittadinanza romana le iscrizioni ufficiali saranno redatte in latino.

La *Chimera ferita* (secondo quarto del IV secolo a.C.) venne alla luce ad Arezzo durante i lavori di fortificazione eseguiti nel Cinquecento. Fu restaurata poco dopo la sua scoperta da Benvenuto Cellini e ritoccata nel 1785 (con alcuni errori: il serpente, per esempio, non dovrebbe mordere il corno della capra, bensì minacciare l'avversario). Non si tratta di una scultura a sé stante ma del particolare di un gruppo che doveva raffigurare il mostro nella sua lotta mortale con Bellerofonte in groppa al destriero alato Pegaso. Sulla zampa anteriore destra è incisa una scritta etrusca (*tinscvil*, "dedicato") che forse terminava sulla zampa sinistra – perduta e rifatta – col nome del donatore: si tratta infatti del dono votivo per un santuario sulla strada di Fiesole. Nel Cinquecento l'aretino Giorgio Vasari avanzò l'ipotesi che la parola *tinscvil* potesse indicare il nome dell'artista o una data. La *Chimera* e l'*Arringatore* sono oggi al Museo Archeologico di Firenze.

Le grandi scoperte del Cinquecento: la Chimera di Arezzo e l'Arringatore

Dopo il lungo silenzio del Medioevo, nel Quattrocento i toscani riscoprono gli etruschi, complici i molti ritrovamenti effettuati in Toscana e nel Lazio. Un anonimo visitatore incide la data 1492 su una parete della tomba della Mula, vicino a Quinto Fiorentino (fine del VII secolo a.C.), oggi trasformata in cava. Nel Cinquecento vengono alla luce due fra i più bei bronzi etruschi conosciuti: la *Chimera* di Arezzo, un grande ex voto dell'inizio del III secolo a.C. scoperto nel 1553, e la statua dell'*Arringatore*, ritrovata nel 1566 nei dintorni del Trasimeno e considerata spesso il prototipo dell'oratore antico.

Nascita di un mito. L'archeologia come giustificazione ideologica del potere

Questi capolavori vanno a rimpinguare le collezioni dei Medici, tradizionalmente affamati di reperti antichi, a cominciare da Lorenzo il Magnifico e proseguendo con Cosimo, primo granduca di Toscana. Grandissimi artisti come

Leonardo e Michelangelo si ispirano alle opere d'arte etrusche, che cominciano a influenzare in modo considerevole la storia dell'arte italiana. Dai dipinti murali etruschi – in particolare dai cicli affrescati della tomba dell'Orco a Tarquinia (fine del IV secolo a. C.) – prende spunto Michelangelo per disegnare una testa coperta da una pelle di lupo: è l'immagine di *Aita*, l'Ade degli Inferi etruschi. Da parte sua Leonardo, colpito dalla straordinaria scoperta di un grande tumulo funerario avvenuta nel 1507 a Castellina in Chianti, elabora il progetto di un mausoleo a pianta simmetrica.

Le scoperte archeologiche, le collezioni principesche, le influenze artistiche e i primi saggi degli eruditi sull'argomento contribuiscono a creare quel mito etrusco che fornisce il supporto ideologico ideale al giovane granducato di Toscana. Così, mentre i papi cercano nell'Impero romano la legittimazione del loro potere temporale, i Medici si appellano alla gloria millenaria della civiltà che proprio i romani avevano soppiantato.

Lorenzo de' Medici, detto il Magnifico (1443-1492), primo signore di Firenze (nella pagina a fronte il celebre ritratto di Giorgio Vasari), e Cosimo I, granduca di Toscana dal 1569, sono orgogliosi della loro presunta origine etrusca. Per compiacerli gli eruditi dell'epoca collegheranno il nome gentilizio "Medici" al vocabolo latino *meddix*, che designava un alto magistrato (a dire il vero non etrusco ma campano). Molti artisti del Rinascimento toscano si ispirano all'arte etrusca per costruire e decorare le ville e i palazzi medicei: è il caso di Giuliano da Sangallo, l'architetto della villa di Poggio a Caiano. Qui sopra, la testa di Ade (Tarquinia, tomba dell'Orco) che Michelangelo prese forse a modello per un'opera di soggetto analogo.

Annio di Viterbo, frate e falsario

A causa della sua singolarità la lingua etrusca alimenta a lungo il mito. Il frate domenicano Annio di Viterbo è il primo di un'interminabile teoria di decifratori tanto coraggiosi quanto inattendibili. Nel 1498 il religioso pubblica a Roma un vero e proprio *best-seller* dell'epoca, nel quale si trovano raccolte numerose iscrizioni etrusche. Ad alcune lettere viene già attribuito il giusto valore fonetico; ma purtroppo le teorie sull'origine degli etruschi e sui rapporti tra lingua etrusca ed ebraica – in fondo piuttosto banali per quei tempi – spingono il buon Annio sulla strada del delirio filologico, a tal punto che il frate non si fa scrupolo di inventare di sanapianta testi antichi e perfino alcune iscrizioni.

THOMÆ DEMPSTERI
DE
ETRURIA REGALI LIBRI VII
NUNC PRIMUM EDITI
CURANTE
THOMA COKE
MAGNÆ BRITANNIÆ ARMIGERO
REGIÆ CELSITUDINI
COSMI III.
MAGNI DUCIS ETRURIÆ.
FLORENTIÆ. M.DCC.XXIII.

Con il *De Etruria regali*, nasce l'etruscomania

Lo scozzese Thomas Dempster è professore di diritto all'università di Pisa. Viene folgorato, non si sa bene in quali circostanze, dalla passione per l'etruscologia e, fra il 1616 e il 1619, scrive un trattato sull'argomento. L'opera, dedicata al granduca Cosimo II, che ne incoraggiò la redazione, rimane al momento manoscritta perché il geniale Dempster, stimolato da altri interessi, si disinteressa completamente della materia e conclude la sua carriera accademica all'università di Bologna. I due volumi del *De Etruria regali* vedono la luce solo un secolo dopo, con una dedica a Cosimo III e al suo successore Giangastone. La casata dei Medici, che proprio con Giangastone si sarebbe estinta nel 1737, è ormai in pieno declino, e in quel contesto il discorso sulle origini etrusche della dinastia ha quasi il sapore di un canto di lode per il caro estinto.

Il lavoro di Dempster, pieno di erudizione e molto ben documentato, si avvale di tutte le fonti letterarie antiche disponibili ai suoi tempi sulla storia e sulla civiltà degli etruschi. Molte informazioni sono esatte ma altrettanto numerose sono le divagazioni fantasiose e confuse sulle origini e sulla lingua dell'antico popolo italico.

La statua di Volterra (sotto), del III secolo a.C., raffigura una donna che tiene un bambino fra le braccia, un tema ricorrente nell'arte etrusca dell'epoca. Accanto alle immagini mitologiche troviamo anche tutte le espressioni della religiosità popolare: fra gli ex voto di terracotta, per esempio, si vedono molti bambini in fasce, auspicio della tanto desiderata maternità.

La riscoperta del *De Etruria regali* si deve a un altro britannico, il nobile inglese Thomas Coke. Dal *Grand Tour*, di rigore per tutti i giovani aristocratici inglesi, Coke ritorna, secondo l'uso, con opere d'arte e manoscritti, fra cui quello di Dempster. Dopo averlo letto, Coke lo rispedisce a Firenze e ne promuove la pubblicazione a proprie spese. Curatore dell'opera è il fiorentino Filippo Buonarroti, che integra il manoscritto di Dempster con un'appendice di *explicationes* e di *conjecturae*, e si occupa anche del corredo iconografico, un centinaio di tavole eseguite da artisti famosi.

L'uscita dei due volumi provoca un vero e proprio fenomeno di costume: l'etruscomania. Nuovi viaggi, nuovi scavi, nuove collezioni e, da queste, un'ondata di trattati su ogni aspetto della storia, dell'arte e della civiltà etrusca.

Fra i vasi raffigurati in questa incisione tratta dal *De Etruria regali* di Thomas Dempster (a sinistra e nella pagina a fronte) è riconoscibile, in alto a sinistra, un'anfora detta "nicostenica": i vasai greci la producevano appositamente per il mercato etrusco. La monetazione etrusca (sotto, alcuni esempi) appare solo all'inizio del V secolo a.C. Possediamo parecchi esemplari coniati a Populonia (di bronzo, d'argento e anche d'oro), ma non tutte le grandi città etrusche ebbero una zecca propria.

Nel Settecento sono ancora pochi i viaggiatori che parlano diffusamente dell'Etruria

Nei primissimi anni del Settecento un domenicano francese, Jean-Baptiste Labat, visita e descrive, forse per primo, alcune tombe di Tarquinia. Verso la metà del secolo il numismatico Jean-Jacques Barthélemy si ferma a lungo a Cortona e si interessa molto alla lingua: "So leggere abbastanza bene l'etrusco" scrive. "Questa lingua mi ha fatto venire parecchie idee. Come sapete, non è stata ancora decifrata..." Dieci anni dopo l'astronomo Joseph Jérôme de Lalande pubblica un *Voyage en Italie* che riscuote notevole successo e che, ricco di osservazioni sulla civiltà etrusca, spingerà molti viaggiatori e turisti sulle vie della Toscana.

Passeggiando fra le necropoli

La tomba della Mercareccia fu una delle prime a venire alla luce a Tarquinia. L'attenzione dei visitatori è attratta dagli affreschi, ma anche dal soffitto, di forma assolutamente eccezionale: pare di essere nell'*atrium* di una casa romana, con tanto di apertura centrale del tetto (*compluvium*), come ben mostra questa stampa ottocentesca. Poiché l'architettura funeraria etrusca rispecchia fedelmente le abitazioni dei vivi, l'atrio della casa romana è senza dubbio di origine etrusca.

"Risaliamo un po' turbati alla dolce luce del sole per poi reimmergerci sotto terra, come conigli nella tana... Pian piano il mondo sotterraneo degli etruschi diviene più reale della luce solare. Cominciamo a vivere con i ballerini, con i banchettanti e con gli 'afflitti', e a ricercarne con passione la presenza."

D.H. Lawrence, *Passeggiate etrusche*

LXXV

ERUDITISSIMIS ET CLARISSIMIS

ACADEMIAE

ETRUSCAE CORTONENSIS

SOCIIS

JOHANNES CHRISTOPHORUS AMADUTIUS

SALUTEM.

La lettura del *De Etruria regali* indusse l'Accademia degli Occulti di Cortona, da poco costituita, a mutare la propria denominazione in Accademia Etrusca (a sinistra il frontespizio di un'opera di G. B. Passeri). Alla dotta istituzione avrebbero aderito molti intellettuali di gran fama; fra gli stranieri citiamo Montesquieu, Voltaire e Winckelmann. La presidenza fu tenuta per molti anni da Filippo Buonarroti. Alle attività accademiche partecipavano anche le nobildonne di Cortona.

Verso il 1760, in pieno preromanticismo inglese, lo scozzese James Byres soggiorna in Etruria e ricopia alcuni affreschi, oggi in gran parte perduti, delle tombe di Tarquinia.

Gli scavi danno vita a dibattiti eruditi e alimentano le collezioni specializzate: ormai gli oggetti etruschi non sono più mescolati alla rinfusa con i reperti greci e romani.

A Volterra gli scavi, intrapresi nel 1731, fanno riemergere centinaia di urne funerarie di terracotta e di alabastro di epoca ellenistica, che costituiscono il genere di reperto più caratteristico della deliziosa cittadina.

Nel 1750 l'abate Mario Guarnacci fonda il museo di Volterra, che porta ancora il suo nome; le collezioni vengono pubblicate da un autore che occupa un posto di rilievo nella storia dell'arte etrusca: Anton Francesco Gori. Fra il 1737 e il 1743, a Firenze, lo studioso scrive il *Museum etruscum*, cui segue, a distanza di sette anni, il *Museum cortonense*.

L'Accademia di Cortona elegge i suoi dotti "lucumoni"

È impossibile parlare dell'etruscomania settecentesca senza fare riferimento all'Accademia etrusca di Cortona. Questa istituzione possiede uno dei musei più famosi, una collezione che non è propriamente pubblica ma neppure esclusivamente privata e funzionale al prestigio di una sola grande famiglia: aperta a tutti gli eruditi, favorisce lo sviluppo degli studi etruschi. L'Accademia, fondata nel 1726 dal patrizio cortonese Onofrio Baldelli, abbina gli aspetti scientifici ad altri più folcloristici, come l'elezione annuale del presidente, che riceve il titolo etrusco di lucumone (re).

Due volte al mese gli accademici si riuniscono nelle cosiddette "notti cortonesi", riunioni animate dalla lettura di dotte comunicazioni, le "dissertazioni accademiche". Pubblicate fra il 1738 e il 1795, queste relazioni coprono tutti i settori dell'etruscologia allora oggetto di dibattito; informano sui progressi compiuti – talvolta rimessi in discussione – ed enunciano ipotesi fantastiche che gli accademici sono singolarmente propensi ad accogliere. Gli studi analizzano le origini, la lingua e l'alfabeto degli etruschi; si sostiene la loro parentela con gli ebrei, con i lidii e con gli egizi, spesso confusi con gli etruschi.

Un vero "tifoso" degli etruschi: Piranesi

I temi fondamentali dell'etruscologia vedono schierati in campi opposti i più bei nomi dell'erudizione dell'epoca. Una celebre polemica divide il francese Pierre-Jean Mariette, incisore e

Il veneziano Giovan Battista Piranesi (nella pagina a fronte), celebre incisore settecentesco delle *Vedute*, delle *Antichità romane* e delle *Prigioni*, si trasferì appena ventenne a Roma, e proprio dalla Città eterna trasse i suoi più genuini motivi di ispirazione.
Il fascino che emana dalle rovine romane lo induce ad assumere una posizione estremistica: nell'arte dell'Italia antica, dai vasi alle statue e addirittura ai templi della Magna Grecia, tutto è autoctono – cioè etrusco – ; ai suoi occhi la Grecia, tanto ammirata dal tedesco Winckelmann e dal francese Mariette, non conta più nulla.

saggista, e l'illustre Giovan Battista Piranesi (1720-1778). Nato a Mogliano Veneto ed educato a Venezia prima del suo trasferimento a Roma (1740), l'autore delle famose *Antichità romane* pubblica nel 1761 un'opera teorica in cui sottolinea polemicamente i debiti dell'architettura romana nei confronti degli etruschi. Questa teoria ha uno scopo ben preciso: negare l'influsso dell'arte greca su quella romana. Piranesi si rifà ai classici, in particolare agli storici Tito Livio (59 a.C.-17 d.C.) e Dionigi di Alicarnasso (I sec. a.C.), e cita costruzioni quali la Cloaca Massima, opera dei re etruschi di Roma. L'erudito francese replica nel 1764 che gli etruschi erano greci, e che dunque l'arte romana è debitrice in tutto e per tutto di quella greca. L'artista italiano lo rimbecca immediatamente, riaffermando la tesi del primato artistico dell'Italia antica nei confronti della Grecia.

Nei ventidue anni del suo tempestoso pontificato, Pio VII (ritratto in basso a sinistra con la sua collezione di vasi etruschi) si adoperò molto per promuovere la tutela del patrimonio artistico italiano. Oltre a fondare in Vaticano il Museo Chiaramonti, imperniato sulle antichità romane, questo pontefice si interessò ai reperti etruschi provenienti dallo Stato pontificio, in cui si trovavano centri di primaria importanza per l'etruscologia quali Caere, Tarquinia e Vulci.

Il 1789, una data rivoluzionaria anche per gli studi etruschi, grazie a Luigi Lanzi

La pubblicazione del *Saggio di lingua etrusca e di altre antiche d'Italia per servire alla storia dei popoli, delle lingue e delle belle arti*, dell'abate Lanzi (1732-1810), segna nel 1789 l'inizio di un'epoca nuova, quella dell'etruscologia propriamente detta. Il Lanzi compie progressi decisivi negli studi etruschi. Ormai quasi tutti i segni dell'alfabeto possono essere interpretati correttamente e quindi non si parla più, tra l'altro, di quelle fumose analogie con l'ebraico. Finalmente i rapporti fra greci ed etruschi trovano una giusta valutazione: il Lanzi, discostandosi da molti etruscomani a lui precedenti o contemporanei, non vede nei secondi i progenitori di tutte le arti ma riconosce con sagacia ed equilibrio le influenze greche. L'abate afferma inoltre che gli splendidi vasi a figure nere o rosse, scoperti a centinaia nelle

Il Museo Gregoriano (illustrazione in basso) – creato per accogliere i tesori della tomba Regolini-Galassi di Caere e la splendida collezione di vasi attici della famiglia Campanari provenienti dalle necropoli di Vulci – fu inaugurato nel 1836. Da tempo Vincenzo Campanari reclamava l'istituzione del museo, che oggi possiede anche magnifici bronzi, piccoli come gli specchi di Calcante e di Peleo e Atalanta, o grandi come il celebre "Marte di Todi".

necropoli etrusche, non sono affatto vasi etruschi, come fino a quel momento si era creduto, bensì greci. Le sue conclusioni si fondano su argomenti razionali e non su pregiudizi: fa notare, ad esempio, come su queste ceramiche siano incisi nomi greci e in breve tempo questa tesi verrà accettata da tutti. Lanzi allestisce anche le collezioni etrusche della Galleria degli Uffizi di Firenze, che costituiscono il nucleo originario del Museo archeologico del capoluogo toscano, una delle tre grandi raccolte etrusche insieme a quella di Villa Giulia, a Roma, e al Museo Gregoriano in Vaticano.

"Il principe Luciano Bonaparte organizzò nuovi scavi e, in meno di un anno, raccolse nel suo castello di Musignano oltre duemila vasi venuti alla luce in un'area non più grande di due ettari."

A. Noël des Vergers

Scavi frenetici e senza metodo, dannosi per l'archeologia contemporanea

Nell'Ottocento esplode la febbre degli scavi. Dati i metodi, o meglio la mancanza di metodo vigente in questo campo, cresce una disastrosa frenesia. Si mira soltanto a raccogliere oggetti belli e ben conservati; tutti i reperti che non rivestono

interesse estetico e/o commerciale vengono gettati via. Ma la cosa più grave è che tutti i corredi funerari vengono mescolati, con grande disperazione degli archeologi moderni.

Le necropoli di Vulci fanno le spese di questa sciagurata a partire dal 1828. È una zona poco battuta, ma un bel giorno la volta di una tomba sprofonda sotto l'aratro...

I lavori, diretti da Luciano Bonaparte principe di Canino, fruttano migliaia di quei bei vasi attici che oggi fanno mostra di sé nelle vetrine di tutti i musei dell'Europa e dell'America del Nord. Si sono trovati più vasi greci a Vulci che ad Atene!

Nelle "grotte dipinte" di Corneto Tarquinia gli atleti lottano per l'eternità

Ancora più spettacolare è la scoperta degli affreschi delle nuove "grotte" di Tarquinia, nella necropoli di Monterozzi. Il nome di questa località deriva dalle collinette formate dai tumuli funerari; Stendhal la definirà il Père Lachaise (il maggior cimitero monumentale di Parigi) di Corneto. Dopo i pochi affreschi ricalcati da James Byres, nel giro di qualche anno vengono alla luce alcune fra le più celebri pitture etrusche. Nel 1827 è la volta delle tombe del Barone, delle Iscrizioni e delle Bighe. Quest'ultima è stata spesso considerata opera di un artista greco: ancora oggi vi si ammirano decine di atleti gareggiare sotto gli occhi degli spettatori

Nel 1830 lo scrittore francese Prosper Mérimée pubblica un racconto intitolato *Il vaso etrusco*, ma proprio in quel periodo gli studiosi cominciano a rendersi conto che i bei vasi dipinti di Vulci sono in realtà vasi attici. In effetti l'influenza della ceramica greca su quella locale fu costante: le importazioni (prima da Corinto e poi da Atene) provocano un'ondata di imitazioni, dalla ceramica etrusco-corinzia (630-540 a.C.) alla ceramica etrusca a figure nere e a figure rosse. Le forme del bucchero etrusco sono quasi sempre di origine greca, così come i nomi etruschi che troviamo sui vasi sono spesso calchi dal greco.

sistemati nelle tribune. Nel 1830 si scopre la tomba della Querciola e nel 1833 tornano alla luce la tomba Giustiniani e quella della Scrofa Nera.

Anche in questo caso a causare i ritrovamenti sono semplici lavori di manutenzione. Cercando le pietre per riparare una strada, il sindaco di Corneto, Carlo Avvolta, si imbatte nei blocchi che chiudono la volta di un ambiente sotterraneo; sbircia all'interno e riesce a intravedere la salma, intatta, di un guerriero che riposa sul suo letto funebre; qualche minuto dopo, al contatto con l'aria, quasi tutto scompare...

Questi affreschi attirano immediatamente gli archeologi che si occupano dell'Etruria e in particolare quattro studiosi che soggiornano a Roma: Gerhard, Panofka, Stackelberg e Kestner. Saranno loro, in seguito, a svolgere un ruolo di primo piano nel campo dell'etruscologia. Per fortuna non ci si accontenta solo di ammirare gli affreschi ma ci si preoccupa anche di riprodurli mediante calchi e acquerelli. Ad artisti come Carlo Ruspi, la cui opera fu a lungo e a torto sottovalutata, dobbiamo la maggior parte delle testimonianze in nostro possesso sulle pitture murali. Il tempo, infatti, le ha ormai cancellate.

La grande fibula d'oro (sopra), alta più di 30 centimetri, serviva ad assicurare la veste sulla spalla. La tipologia è quella etrusca tradizionale, e quindi di fabbricazione locale, anche se i temi decorativi (leoni con o senza le ali) sono di stampo orientale. La tomba Regolini-Galassi e il suo sontuoso corredo (di cui fanno parte i due braccialetti, sotto) scamparono al saccheggio grazie alla particolare struttura architettonica della costruzione.

La tomba Regolini-Galassi, o l'oro degli etruschi

Il 22 aprile 1836 l'arciprete Regolini e il generale Galassi scoprono a Caere, l'odierna Cerveteri, nella cosiddetta necropoli del Sorbo, una tomba favolosa con il corredo miracolosamente intatto. L'edificio funerario, che da quel momento sarà chiamato con il nome dei suoi scopritori, risale a un periodo di poco anteriore alla metà del VII secolo a.C. e contiene moltissimi gioielli d'oro, capolavori dell'oreficeria etrusca, e altri oggetti preziosi provenienti dall'Asia o decorati con motivi orientali.

Papa Gregorio XVI organizza e inaugura, nel dicembre 1836, il primo museo etrusco di Roma, il Museo Gregoriano del Vaticano, anche per poter esporre i ricchi reperti della tomba Regolini-Galassi. Il marchese Campana allestisce, grazie soprattutto agli scavi di Caere, una magnifica collezione. Gli oggetti, dispersi alla sua morte, prenderanno due direzioni principali: quella dell'Ermitage di San Pietroburgo e quella del Louvre di Parigi. Fra i tanti reperti alienati figura un autentico capolavoro, il sarcofago degli Sposi, gemello di quello conservato nel Museo di Villa Giulia.

Questo sarcofago di terracotta della fine del VI secolo a.C. illustra la condizione della donna etrusca. La moglie è raffigurata sullo stesso piano del marito, coricata sul letto conviviale accanto al lui: una situazione inconcepibile per i Greci, che ammettevano ai banchetti solo le cortigiane.

Gli etruschi a Londra, gli inglesi in Toscana

Nel gennaio del 1837 i Campanari di Toscanella, cercatori e collezionisti appassionati, allestiscono a Londra, in Pall Mall, una mostra di antichità greche ed etrusche. La manifestazione riscuote un notevole successo sia presso il grande pubblico sia fra i critici più attenti.

Eccoci, dunque, a una nuova folata di entusiasmo per gli etruschi che consente, fra l'altro, la pubblicazione dei disegni di James Byres, rimasti fino a quel momento inediti.

Fra i tanti visitatori c'è Elizabeth C. Hamilton Gray. Entusiasta, la signora si precipita in Italia: al ritorno in Inghilterra ha con sé il manoscritto del *Tour to the sepulchres of Etruria* che, pubblicato nel 1840, esaurisce in poco tempo parecchie edizioni. Lo legge anche George Dennis, un suo colto compatriota, che decide di votarsi anima e corpo agli studi etruschi. La sua opera, *The Cities and Cemeteries of Etruria* (1848), descrive con precisione e in uno stile piacevole tutti i siti allora visitabili in Etruria. Il libro è arricchito dalle illustrazioni dell'autore e del suo compagno di viaggio, l'acquarellista S. J. Ainsley.

L'Ottocento, epoca delle pubblicazioni scientifiche e dei grandi istituti di ricerca

Nel 1810, a Firenze, Giuseppe Micali pubblica *L'Italia avanti il dominio dei Romani.*

Forse, pubblicando nella sua opera questi affreschi della tomba della Querciola di Tarquinia, Elizabeth Hamilton Gray voleva esprimere la sua invincibile antipatia nei confronti dei romani: "Quanto devono aver maledetto, i lucumoni umiliati della grande comunità etrusca, il dispotico egualitarismo di quei romani che abbatterono il loro governo, distrussero la loro nazionalità e

Quest'opera monumentale (quattro volumi di testo più uno di tavole) suscita un'eco profonda nel mondo scientifico e politico, ma anche un vespaio di polemiche. L'autore, infatti, sostiene la tesi, ancora poco diffusa, secondo la quale gli etruschi sono una popolazione autoctona della penisola. Il libro del Micali rappresenterà il vangelo dei cultori di quella civiltà.

Tuttora utile è l'opera di Karl Ottfried Muller, *Die Etrusker* (1828). A quell'epoca i tedeschi rivestono un ruolo fondamentale nella ricerca scientifica: sono soprattutto loro – con una marginale partecipazione francese – a contribuire alla fondazione dell'Istituto di

cancellarono la loro esistenza! Possiamo quasi immaginare le voci dei defunti che, levandosi dalle tombe di Vulci e di Tarquinia, chiamarono le orde nordiche dell'Elba e dell'Oder a far vendetta sugli effeminati discendenti dei loro rozzi distruttori". Sotto, i resti di un "tempio" di Todi in un'incisione da *L'Italia avanti il dominio dei Romani.*

La tomba Bella

Samuel James Ainsley dipinse forse questo acquerello subito dopo la scoperta della tomba dei Rilievi, nell'inverno 1846-47. Detta anche "tomba Bella", è decorata con stucchi dipinti che permettono di penetrare nella vita quotidiana di una grande famiglia di Cerveteri alla fine del IV secolo a.C. Sul fregio sovrastante le nicchie ci sono elmi, schinieri, scudi e spade, tutti oggetti che esprimono la vocazione guerriera della famiglia; i pilastri centrali sono rivestiti di uno "strano quanto gustoso armamentario" (J. Heurgon). A sinistra, per esempio, sopra la figura di una faina, vediamo una brocca di bronzo, un bastone, un coltellaccio, un'ascia e una matassa di corda. A destra, invece, una vera e propria batteria da cucina: padella, portacoltelli, spiedi e un catino su treppiede con relativo pestello.

June 27 1842
Corneto

Le tombe-stalla

La tomba della Mercareccia ha ispirato molti artisti, ma era già molto degradata ai tempi di Samuel Ainsley: priva della parete d'ingresso, era allora adibita a stalla. In basso a destra vediamo un'altra tomba di età ellenistica, ma più recente (II-I secolo a.C.), riprodotta dall'artista inglese. La tipologia è quella tipica dell'area perugina: sotto una volta a botte costruita con pietre ben tagliate le urne cinerarie sono deposte sulle panche o appoggiate al suolo.

corrispondenza archeologica. La prima seduta si svolge il 21 aprile 1829, anniversario della fondazione di Roma, a palazzo Caffarelli, sul Campidoglio. La finalità dell'Istituto è lo sviluppo dell'archeologia classica italiana in generale ma una parte considerevole della sua attività è dedicata agli scavi in Etruria, come testimoniano i primi numeri delle sue molte pubblicazioni. Siamo praticamente all'inizio dell'etruscologia scientifica; di lì a poco gli etruschi avranno un istituto e una rivista.

Gli specchi di bronzo inciso sono un prodotto tipico dell'artigianato etrusco fra il VI e il II secolo a.C. Sul *verso* erano decorati con motivi vegetali o con episodi mitologici, talvolta in rilievo. Questi oggetti da toilette erano destinati alla clientela femminile, che influenzò la scelta dei soggetti raffigurati: sono infatti frequenti le immagini di dee. A sinistra la nascita di Atena che esce armata dalla testa di Zeus.

Comincia l'epoca dei grandi "corpus", che si propongono di riunire tutto il materiale etrusco noto: il corpus degli specchi, intrapreso nel 1841 dall'infaticabile Gerhard e terminato solo nel 1896 da A. Klugmann e G. Körte; il corpus dei rilievi delle urne funerarie, iniziato nel 1870 da Heinrich Brunn e dallo stesso Körte; e infine il corpus delle iscrizioni, a imitazione del celebre *Corpus Inscriptionum Latinarum*, intrapreso nel 1893 sotto l'egida dell'Accademia di Berlino.

1985: Anno etrusco. Un secolo dopo trionfa la nuova scienza

Oggi alcuni di questi grandi cataloghi devono essere riscritti su basi scientifiche più aggiornate e più complete; non si vede come potrebbe essere altrimenti, dato che gli scavi si sono moltiplicati e con essi i reperti da classificare e da studiare. Il catalogo degli specchi, per esempio, è in stato di avanzato rifacimento. Questo genere di iniziative è regolato da un'apposita istituzione etruscologica, l'Istituto di studi etruschi e italici di Firenze, che dal 1927 pubblica una rivista a periodicità annuale, "Studi Etruschi", e organizza colloqui e congressi per fare il punto sulle scoperte recenti e sui nuovi orizzonti teorici relativi alla civiltà etrusca. Costituita finalmente in disciplina autonoma, l'etruscologia è in grado di suscitare manifestazioni di grande rilievo: nel 1985 si è tenuto a Firenze il secondo Congresso internazionale etrusco, cui hanno partecipato scienziati di tutto il mondo. In quell'occasione sono state allestite numerose mostre altamente spettacolari, a coronamento di quello che è stato definito l'Anno etrusco.

L'uomo-simbolo di questa nuova situazione dell'etruscologia scientifica, il pontefice della disciplina, è il professor Massimo Pallottino. La sua *Etruscologia* (la prima edizione è del 1942,

Oltre a possedere un notevole valore estetico, gli specchi etruschi sono oltremodo istruttivi. Prima di tutto rivelano quanto gli etruschi fossero largamente tributari della mitologia greca. Ma fino a che punto queste immagini di Ermes (a fronte, in alto) o di Eracle (a fianco) ci consentono di trarre conclusioni sulla religione etrusca? Inoltre, i nomi delle divinità sono spesso incisi accanto alle loro immagini, il che arricchisce le nostre conoscenze della lingua etrusca. Sullo specchio di Arezzo raffigurante la nascita di Atena si possono leggere i nomi di Tina (Zeus), di Thanr, di Thalna e di Sethlans (Efesto), che ha appena spaccato la testa di Zeus a colpi d'ascia.

l'ultima del 1984) viene continuamente ristampata.

Ma sarebbe ingiusto passare sotto silenzio il nome del francese Jacques Heurgon, che è stato definito il "gemello scientifico" di Pallottino; la sua *Vita quotidiana degli etruschi* (prima edizione francese 1961, italiana 1963) ha suscitato vasto interesse in patria e fuori.

Nelle tombe più antiche dei grandi tumuli di Cerveteri (sotto) sono stati scoperti vasi con graffiti in lingua etrusca. Le iscrizioni sono quasi sempre brevissime: sopra, su questa targhetta bronzea di Orvieto, un ex voto, si legge, da sinistra a destra: THVAL VEAL.

Le nuove teorie sulle questioni dell'origine e della lingua, croce edilizia dell'etruscologia

A Massimo Pallottino si deve, se non la soluzione, quanto meno una nuova impostazione dei problemi dell'origine e della lingua, da sempre croce e delizia della ricerca etruscologica. Per conoscere gli etruschi non basta "spedire" o "chiamare" questo o quel popolo d'Oriente in Italia verso il 1000 a.C. Oggi si ritiene che, se la questione delle origini ha ancora importanza, ci si deve dedicare soprattutto allo studio della formazione del popolo etrusco nel territorio dell'Italia centrale, sul quale si è sviluppato

e dove ha prodotto quella civiltà che, secondo alcuni studiosi dell'Ottocento, costituì il primo grande "decollo" della penisola italica, prima ancora del regno di Augusto e del pontificato di Leone X.

Quanto alla lingua, non serve a niente farla derivare in blocco da questo o quest'altro idioma, per esempio dall'ebraico o dall'egizio, come si è tentato di fare anche recentemente.

Solo la fantarcheologia continua a trovare analogie complessive fra l'etrusco e il turco, l'albanese, l'ittita e così via. Adesso l'etrusco viene studiato in sé e per sé, con un lavoro minuzioso che consiste, tra l'altro, nel confronto delle varie iscrizioni, sempre più numerose, che offrono anche un ricchissimo complesso di documenti per approfondire la ricerca.

Le lamine d'oro di Pyrgi, incise intorno al 500 a.C. (sopra, le due che recano l'iscrizione in etrusco) erano state accuratamente nascoste, all'epoca della distruzione del santuario, in una vasca scavata fra i due templi. Nei due testi si riconosce il nome del magistrato di Caere, Thefarie Velianas (scritto VELIIUNAS nel testo di destra), che avrebbe dedicato un santuario a Uni. Il nome di questa divinità compare nell'iscrizione di sinistra, all'inizio della terza riga.

Le lamine di Pyrgi: speranze e delusioni

Talvolta nascono folli speranze. Nel 1964 a Pyrgi, uno dei porti di Caere, nel corso degli scavi per riportare alla luce un grande santuario si rinvengono tre lamine d'oro fitte di iscrizioni: due riportano un testo etrusco di una certa lunghezza, la terza è redatta in lingua fenicia. Si pensa di aver scoperto un'iscrizione bilingue, ci si illude di avere in mano la stele di Rosetta dell'etrusco.

Ahinoi! Il testo etrusco, più lungo, e il testo fenicio sono solo vicini, ma non identici, e l'iscrizione fenicia, scritta in una lingua ben nota, è interpretata in modi molto diversi dagli specialisti di filologia semitica.

Nonostante tutto, queste lamine hanno consentito di approfondire le nostre conoscenze su alcuni punti della lingua etrusca, soprattutto sui nomi dei numeri.

Gli scavi di Pyrgi, d'altronde, sono stati fra i più fecondi degli ultimi decenni. Altre campagne sono state condotte nei siti portuali, dove appare attestata con certezza la presenza di colonie straniere, in particolare greche. Da qui, e non da uno o più flussi migratori, prese probabilmente le mosse il fenomeno di acculturazione che sta alla base del processo di sviluppo verificatosi in Etruria a partire dall'VIII secolo a.C. Esemplari, da questo punto di vista, sono gli scavi di Gravisca, uno dei porti di Tarquinia.

Nel secondo dopoguerra l'Italia ha aperto i territori etruschi della Toscana e del Lazio ai ricercatori britannici (Veio), francesi (lago di Bolsena), svedesi (Acquarossa, San Giovenale) e statunitensi (Cosa, Murlo); anche in questo caso gli esiti sono stati davvero brillanti.

Continuano gli scavi nelle necropoli, ma la ricerca si concentra sempre di più sulle città dei vivi

Com'è ovvio, molto è cambiato nelle metodologie di scavo, nei campi d'azione e negli obiettivi. Fra le grandi tendenze della ricerca archeologica contemporanea in Etruria va sottolineato l'interesse per gli abitati. Per secoli, si può dire, gli scavi hanno avuto come unico oggetto le necropoli e, marginalmente, i templi. Il motivo di questa scelta si intuisce facilmente: trovare oggetti da esporre o da vendere.

Il commercio di oggetti antichi rende moltissimo

In Etruria le statue stavano sui tetti. Questa statua-acroterio di terracotta, a grandezza naturale, risale all'inizio del VI secolo a.C. e raffigura un personaggio seduto, che porta un curioso *sombrero* messicano e la barba lunga, tagliata stretta. L'opera è stata ritrovata, insieme ad altri frammenti di statue (forse tredici?) nel corso degli scavi condotti nella residenza nobiliare di Murlo, 25 chilometri a sud di Siena. Alcuni frammenti hanno alla base una grossa tegola ricurva: ciò significa che si trovavano sulla sommità del tetto. Probabilmente raffiguravano gli antenati dell'aristocratica famiglia e con la loro presenza garantivano la protezione del palazzo.

e l'intervento statale appare inadeguato a fronteggiare l'instancabile attività dei "tombaroli" che riforniscono il mercato, non sempre clandestino, dell'arte antica. Proprio nelle necropoli è più facile trovare vasi intatti od oggetti preziosi in buono stato, mentre nelle case di abitazione non si va, di solito, oltre a frammenti di ceramica o a cocci senza valore commerciale.

Bisogna anche dire che in molti casi su uno stesso sito si sono succeduti vari insediamenti, per cui l'abitato etrusco si trova ora sotto la città moderna; di qui la difficoltà di effettuare scavi. Lo studio di un abitato richiede, infine, per quanto possibile, una campagna di scavi piuttosto estesa, altrimenti non si potrebbe accertare l'eventuale applicazione di principi urbanistici da parte dei fondatori. A Cerveteri e a Orvieto, per esempio, la città medievale e quella moderna hanno coperto l'abitato etrusco. Tuttavia gli archeologi e gli storici, che oggi hanno come fine principale la

Un momento emozionante per l'etruscologia: è il 1916, l'*Apollo* di Veio, oggi al Museo nazionale di Villa Giulia, si è appena risvegliato dal suo sonno millenario. Questo acroterio, appartenente al tempio detto "del Portonaccio", è senza dubbio opera del grande maestro della scultura in terracotta, l'unico artista etrusco di cui le fonti letterarie ci abbiamo tramandato il nome: Vulca di Veio (fine VI - inizio V sec. a.C.).

La museologia moderna prescrive di presentare le tombe in modo chiaro e soprattutto con il corredo funerario al completo. Oggi non ci si accontenta più di ammassare confusamente nelle vetrine migliaia di vasi e vasetti. Il corredo di una tomba di Cerveteri (seconda metà del VII secolo a.C.), con i suoi buccheri e la sua urna funeraria dipinta (a sinistra).

conoscenza complessiva delle società antiche, cercano di accumulare il maggior numero possibile di dati sull'*habitat* domestico e sulla vita quotidiana dell'intera popolazione. Scavi di questo tipo sono stati fatti negli ultimi decenni ad Acquarossa e a San Giovenale, presso Viterbo, e a Murlo, vicino a Siena. Assai promettente appare l'apertura, avvenuta in questi ultimi tempi, di alcuni cantieri a Tarquinia e a Cerveteri. Un caso eccezionale resta Marzabotto: qui, mancando la continuità dell'occupazione urbana, si è potuta riportare alla luce la struttura essenziale dell'antico abitato, di cui però si ignora il nome etrusco.

Attenzione: non per questo le necropoli sono state dimenticate, non fosse altro perché parecchie tombe vengono alla luce proprio nel corso degli scavi "di recupero". Tuttavia anche in questo settore la mentalità è cambiata: gli archeologi non si accontentano più di raccogliere con cura gli oggetti deposti nelle tombe ma le studiano in tutti i loro aspetti, in quanto riflesso di una determinata struttura sociale. Certi reperti, certe raffigurazioni costituiscono infatti veri e propri *status symbol*, e oggi gli scavi di una necropoli devono poter presentare un insieme di dati tale da consentire di ricostruire l'ideologia funeraria di una certa nazione. Siamo entrati nell'era dell'etruscologia scientifica.

George Dennis afferma che Sorano (nella foto a fronte) grosso borgo che sorge nel cuore di una zona vulcanica, a nord-ovest del lago di Bolsena, offre una delle vedute più suggestive dell'Etruria. Il paese sorge su un piccolo altopiano tufaceo circondato di scoscesi speroni rocciosi; a qualche chilometro di distanza si trovano le tombe rupestri, con le colonne e i frontoni scavati nella roccia.

II. NASCITA DI UNA NAZIONE

"I villanoviani sono protoetruschi". Dietro questa formuletta si nasconde una semplice constatazione: la civiltà etrusca fiorì sul posto, in Italia, a contatto con i coloni greci, attirati dal ferro dell'Elba. Nessun popolo giunse all'improvviso dall'Oriente o da altre regioni del mondo conosciuto. Miracoli dell'acculturazione...

Il termine "canopo", che designa le urne cinerarie della regione di Chiusi (pagina a fronte) fu introdotto con la campagna di Napoleone in Egitto e con l'"egittomania" che ne risultò. Con il tempo gli etruschi accentuarono i caratteri antropomorfi del coperchio, che assume sempre più spesso una forma umana.

La civiltà etrusca, la prima a sbocciare sul territorio italico, raggiunge il suo massimo splendore nel VII e VI secolo a.C. Si sviluppa soprattutto tra il Tevere e l'Arno, fra gli Appennini e il mar Tirreno.

I miti sono duri a morire, e quello della misteriosa gente che popolava l'Etruria preromana non fa eccezione. Nessun mistero, in realtà. Gli etruschi seppero imporre per secoli il loro dominio e la loro cultura alla maggior parte della penisola solo – o soprattutto – perché disponevano in notevole misura delle risorse fondamentali dell'economia antica. I campi coltivati producevano vino e olio, le risorse chiave del Mediterraneo insieme ai cereali; le miniere davano i minerali di base, in particolare il ferro. A nord, intorno a Populonia, ruotava l'Etruria mineraria, mentre l'Etruria vinicola aveva come centri le città di Vulci e di Caere.

Storia e geografia confermano che il mondo etrusco non era unito

In un primo tempo la storia dell'Etruria è innanzitutto la storia di città diverse, unite solo dalla lingua e dalla coscienza di una comune origine, secondo il modello greco. Ogni *polis* conduce una propria politica e conosce un proprio sviluppo specifico.

Anche la geografia rivela queste peculiarità. L'Etruria meridionale è caratterizzata da terreni vulcanici, con altopiani tufacei, veri e propri promontori su cui sorgono grandi città come Veio, Caere e Tarquinia. Nell'Etruria interna la località più spettacolare è forse Volsinii, la metropoli religiosa. Nell'Etruria settentrionale, invece, le città sorgono di preferenza su un agglomerato di collinette separate da depressioni: è il caso di Perugia, che si estende su una trentina di ettari ai confini dell'Umbria, lungo la Valtiberina, a oriente del lago Trasimeno. In questa zona il ruolo dei fiumi è determinante: le sole pianure degne di questo nome si trovano lungo il corso del Tevere e della Chiana – controllata da Chiusi – e la loro fertilità incoraggia la nascita di insediamenti agricoli e perfino la fondazione di centri minori. Le zone montagnose sono scarse e si limitano ai

"Il nome stesso dei due mari, il superiore e l'inferiore, che circondano l'Italia come un'isola, provano la grandezza della loro potenza [degli etruschi]: gli italici chiamano l'uno mare Tusco, l'altro mare Adriatico, dal nome di Adria, colonia etrusca. I greci li chiamano mar Tirreno ("etrusco" in lingua greca) e mare Adriatico."

Tito Livio

Quinto Fiorentino
Fiesole
M. Falterona
Pisa
Arno
Arno
E T R U R I A
Castellina in Chianti
Arezzo
Tevere
Volterra
Cecina
Gubbio
Cortona
Lago Trasimeno
Murlo
Chiana
Perugia
Populonia
Chianciano
Chiusi
Assisi
Sarteano
M. Cetona
Vetulonia
Roselle
Isola d'Elba
Paglia
Fiora
Ombrone
Todi
U M B R I
Orvieto
Saturnia
Sovana
Bolsena
Lago di Bolsena
Monteleone di Spoleto
Albegna
Castro
Talamone
Bisenzio
Tevere
Marsiliana
Acquarossa
Orbetello
Viterbo
Cosa
Tuscania
Castel d'Asso
Vulci
S A B I N I
Norchia
Tarquinia
Civita Castellana
MARE
Luni
Gravisca
M. Tolfa
Capena
Lago di Bracciano
Veio
Pyrgi
Cerveteri
Tivoli
ROMA
Preneste
L A T I N I
Tevere
Albano
M. Cavo
Ostia
Nemi
Velletri
Civita Lavinia
T I R R E N O
0
50 km
Marsiglia
Spina
MARE ADRIATICO
Corsica
Aleria
Roma
Cuma
Sardegna
MARE
T I R R E N O
Sicilia
Cartagine
Malta
Area d'influenza etrusca

contrafforti appenninici e all'Amiata, come scarse sono anche le grandi pianure; in compenso esiste un certo numero di laghi. Alcune delle principali metropoli gravitano proprio intorno ai laghi: sul Trasimeno Cortona, Chiusi e Perugia, sul lago di Bolsena Volsinii e Vulci, sul Cimino (oggi lago di Vico) Sutri e Viterbo, a ridosso di alcuni grandi centri dell'Etruria rupestre; il Sabatino, oggi lago di Bracciano, è a nord di Cerveteri e di Veio. Oltre a questi laghi di origine vulcanica va citato il Prilio, una grande laguna prosciugata fin dall'Antichità; nelle sue vicinanze si sviluppano Tarquinia e Roselle. Queste controllano la foce dell'Ombrone, uno dei pochi fiumi tramite i quali si può accedere all'Etruria interna. Altri fiumi costieri, come l'Albegna e la Fiora, favoriscono il popolamento di queste zone, ma la costa è di per sé piuttosto inospitale. I porti naturali sono solo due: Populonia e Talamone.

Populonia, fondata per la sua vicinanza rispetto all'Elba, ricca

"Si apre, esigua fenditura, una gola. Su un letto di sassi neri, vulcanici, scorre sinuoso un torrente, la Fiora [...]. Sopra la forra selvaggia s'incurva l'arcata del ponte che da duemila anni collega Vulci alla sua necropoli. La carreggiata fu ricostruita dai romani. L'acqua che filtrava da un'antica condotta romana, oggi scomparsa, l'ha ornata di concrezioni calcaree che sembrano tanti festoni."
Sybille von Cles Reden

di miniere di ferro, è dunque la sola grande città etrusca che sorge sul mare.

In genere gli antichi evitavano di fondare le città sulle coste per ragioni pratiche ma anche morali: bisognava difendersi dalle razzie dei pirati e si diffidava dell'influsso delle genti d'oltremare, considerate perniciose. Ancora in pieno Ottocento l'intero litorale sud e il suo entroterra – la Maremma toscana e laziale – era paludoso e malsano: in oltre due millenni di storia solo gli etruschi, ottimi ingegneri idraulici, hanno saputo bonificarlo per un certo periodo.

A partire dall'epoca villanoviana le scene di aratura ricorrono con grande frequenza nell'arte etrusca. Ma questo personaggio al lavoro dietro l'aratro e i buoi è un modesto contadino o qualcosa di più? In effetti il copricapo indica che si tratta di un sacerdote colto nell'atto di delimitare uno spazio sacro. Nella *disciplina etrusca* questi riti rivestivano la massima importanza, specialmente in occasione della fondazione di città. I romani li mutuarono dall'Etruria, e perfino Romolo li seguì quando tracciò il recinto sacro (*pomerium*) di Roma.

Villanoviani o protoetruschi...

Nel IX secolo a. C. alcune popolazioni convergono nelle località sulle quali sorgeranno le città della dodecapoli etrusca. Nella storia d'Italia quest'epoca è detta "villanoviana"; così fu chiamata nel secolo scorso, quando i caratteri fondamentali della cultura

L'ispirazione fantastica dei villanoviani di Tarquinia si rivela con particolare evidenza nei vasi a forma animale (*askoi*). Esistono anche composizioni ibride: è il caso di questo bruciaprofumi di bronzo montato su ruote, con il corpo di uccello e le due teste di cervo (a fianco). "La rappresentazione più diffusa è quella dell'animale essenziale per l'allevamento e per i lavori agricoli, il bue [sotto], simbolo di forza e di prosperità" scriveva Ranuccio Bianchi Bandinelli.

che si sviluppò in quel periodo furono individuati nel sito di Villanova, presso Bologna.

La nascita della civiltà etrusca viene situata verso il 700 a.C. circa, epoca in cui compaiono le prime iscrizioni in etrusco.

È ormai tramontata la teoria secondo cui un popolo solidamente organizzato si sarebbe spostato in massa, in un breve volgere di anni, insediandosi nell'Italia centrale e importandovi, per così dire, una civiltà già pronta.

Le metropoli etrusche sono invece il risultato della "coagulazione", dell'unificazione di diversi villaggi di epoca villanoviana. Questo fenomeno è osservabile soprattutto nell'Etruria meridionale, la regione più ricca e più sviluppata dell'epoca. Da questo punto di vista il sito di Veio è estremamente

significativo: su un altopiano di circa 190 ettari è stato riportato alla luce un agglomerato di una decina di villaggi che potremmo definire a buon diritto "protocittà".

Le urne a capanna sono i modelli in scala delle abitazioni villanoviane

Mancando ogni fonte letteraria, ancora oggi sono le necropoli a fornirci gli elementi caratterizzanti della cultura villanoviana. La pratica funeraria consiste di regola nell'incinerazione: i vasi che conservano i resti dei defunti sono di terracotta piuttosto grossolana e hanno nella maggioranza dei casi forma biconica. Il coperchio può essere una scodella, anch'essa di ceramica, o un elmo, talvolta di bronzo; si tratta, è chiaro, di una diversificazione per sesso, poiché la scodella richiama i lavori domestici propri della donna, mentre l'elmo è il simbolo dei valori guerreschi virili. Nella Toscana meridionale e nell'alto Lazio si trova un tipo caratteristico di vasi cinerari, le urne a capanna, che interessano particolarmente gli archeologi perché, grazie ai loro numerosi e accurati particolari (tetto, porte e finestre) ci consentono di capire com'erano fatte le capanne abitate dai villanoviani.

Verso l'Etruria dei principi

Vera potenza imperialista, l'Etruria villanoviana si stende a sud fino alla Campania, a nord in direzione di Bologna.

Nell'VIII secolo a.C. questi protoetruschi praticano scambi commerciali con le genti più vicine; ciò si riflette necessariamente sulle strutture della società. Scambi e traffici, che vedono come

Un'urna a capanna simile a quella riprodotta qui sopra è stata trovata a Pontecagnano, non lontano da Napoli. Recenti scavi effettuati a Tarquinia nella necropoli di Monterozzi (da dove proviene l'*askos* della pagina a fronte) hanno riportato alla luce un vero e proprio villaggio di capanne villanoviane. Le abitazioni, di forma ovale o rettangolare, ricordano le capanne del Palatino, a Roma, di cui sono rimaste solo le fondamenta ma che confermano la data tradizionale della fondazione di Roma (753 a.C.). A fianco, un'urna biconica di terracotta decorata di motivi geometrici e con l'imboccatura chiusa da un elmo di metallo.

protagoniste Populonia, Vetulonia e Vulci, interessano la Sardegna nuragica ma soprattutto le colonie greche dell'Eubea.

Il corredo funerario degli antichi ossuari villanoviani, assai rozzo e sommario, consiste di pochi oggetti personali (rasoi, fibule, armi) di fattura omogenea, indizio di una società tribale, non ancora strutturata in classi vere e proprie. A poco a poco, per effetto di questi scambi, che vanno a vantaggio di un numero relativamente esiguo di persone, le tombe si diversificano e il corredo di alcune si arricchisce notevolmente per il numero e per la qualità degli oggetti. Alla fine dell'VIII secolo emerge una classe dominante e in molte località dell'Etruria compaiono tombe che si possono senza dubbio definire principesche.

È di moda l'Oriente: la tesi "orientale"

Negli ultimi decenni sono stati scavati e studiati alcuni abitati, tra i quali Murlo a nord e Acquarossa a sud; ciò nonostante sono ancora le necropoli a permetterci di caratterizzare meglio il periodo detto "orientalizzante" (VII secolo a.C. circa). Infatti le tombe di quest'epoca sono ricche di oggetti "orientali": alcuni importati direttamente dall'Oriente, altri fabbricati sul posto da artigiani stranieri immigrati in Etruria, altri ancora imitati da artisti locali.

Alcuni archeologi e storici hanno interpretato questo fenomeno come il segno

"La decorazione della coppa [in basso] è costituita di bande sovrapposte, in cui sono raffigurate scene di caccia, sfilate di guerrieri a piedi, a cavallo o montati su carri, scene campestri con un uomo che vanga e un altro che difende il suo gregge da un leone, eccetera. Tutto questo repertorio, tipicamente cipro-fenicio, è eseguito con grande finezza. Le teste dei serpenti, invece, sono di fattura grossolana [...]. Siamo quindi di fronte a un oggetto importato e in seguito modificato in un ambiente artistico molto meno abile, presumibilmente locale, che possiamo identificare come etrusco."

R. Bianchi Bandinelli

più tangibile dell'arrivo in territorio etrusco di un intero popolo, giunto dall'Oriente (dalla Lidia?). Eppure altri manufatti analoghi, trovati sulle coste del Mediterraneo, non hanno mai indotto gli studiosi a trarre conclusioni così ardite. Questo atteggiamento è dovuto da una parte alla fortuna millenaria della tesi "orientale", ben radicata anche presso gli antichi, dall'altra all'apparente isolamento – innanzitutto e principalmente linguistico – degli etruschi nell'ambito della Penisola.

Le mani bronzee di Vulci, risalenti alla metà del VII secolo a.C., sono decorate con chiodini d'oro. Il piccolo, avambraccio eburneo della pagina a fronte è invece il manico di un ventaglio: è istoriato a fasce con leoni, chimere, sfingi, cervi, tipici del periodo orientalizzante etrusco. La lavorazione dell'avorio si protrae, specialmente nell'Etruria centrale, fino ai primi decenni del VI secolo.

I superbi tumuli di Caere, sigilli del potere

Alla fine dell'VIII secolo nella maggior parte del territorio etrusco il rito funerario subisce un'evoluzione: si passa dall'incinerazione all'inumazione. Anche questo cambiamento ha contribuito ad avallare l'idea dell'arrivo di un altro popolo.

In realtà i riti funerari hanno una matrice non tanto etnica quanto culturale. Verso la metà del VII secolo sorgono a Caere alcuni enormi tumuli. Spesso il sepolcro è tutto scavato nel tufo, altre volte solo per metà, come la celebre e fastosa tomba Regolini-Galassi; in tal caso il tumulo di terra ha anche uno scopo funzionale di protezione. Ma il grande tumulo riveste in primo luogo un carattere "di rappresentanza", quasi politico: con

Viste dall'alto, le tombe della necropoli della Banditaccia a Caere assomigliano a enormi tane di talpe. La calotta dei tumuli più antichi è sostenuta da un tamburo cilindrico decorato con una cornice aggettante a fasce: è la prima decorazione architettonica di pietra realizzata nella Penisola. Un podio consentiva l'accesso alla sommità della calotta, dove probabilmente si svolgevano alcuni riti funerari e sedevano gli spettatori dei giochi funebri.

il suo diametro – fino a 50 metri! – lascia sul paesaggio il sigillo eterno della potenza e dell'orgoglio di una casta dominante, quella dei principi, che sono inumati con ostentazione, mentre al loro fianco sorgono le semplici, modeste sepolture che accolgono le spoglie dei loro *clientes*. È la traduzione in termini architettonici della struttura della società etrusca di quell'epoca.

Una società fondata sul sistema della clientela

I clienti dell'orgogliosa aristocrazia etrusca versano in una situazione giuridica e sociale comune nell'Antichità, a metà fra la schiavitù e la libertà: si vedono riconosciuto il diritto di proprietà ma sono vincolati ad alcune servitù militari e agricole. Lo storico greco Dionigi di Alicarnasso (I secolo a.C.) ce ne fornisce un esempio: nel 480 a.C., nel corso dell'interminabile conflitto che oppone Roma a Veio, quest'ultima richiede – e, fatto davvero inconsueto, ottiene – il sostegno della confederazione etrusca. "Da tutta l'Etruria erano venuti i principi più potenti, accompagnati dai loro *penesti*". Usando questa parola, che designa certe popolazioni "mercenarie" della Tessaglia, Dionigi sottolinea la condizione precaria e miserabile di questi clienti etruschi duramente sfruttati.

L'incredibile ricchezza delle tombe di Preneste

Le grandi tombe venute alla luce a Caere e in altre località dell'Etruria sono state definite principesche anche per il fastoso corredo funerario che accompagnava il corpo del principale esponente della famiglia, il "fondatore" della tomba. Si può ben dire che qui l'interno non smentisce l'esterno.

Oltre alla tomba Regolini-Galassi di Caere non vanno dimenticati due sepolcri di Preneste – la tomba Barberini e la tomba Bernardini – i cui corredi sono al Museo di Villa Giulia. Perché questi principi etruschi furono inumati a Preneste (l'odierna Palestrina), cioè in una città non etrusca ma latina?

La cittadina di Preneste, a sud-est di Roma, controllava la strada che portava dall'Etruria alla Campania, e certi principi etruschi vi riscuotevano i pedaggi che erano alla base della loro opulenza; la presenza di quelle tombe dà un'idea

Il pendente raffigurante la testa di Acheloo (sopra) risale al VI secolo a.C. e costituisce uno splendido prodotto dell'oreficeria etrusca, oggi conservato al Louvre di Parigi.

Gli etruschi portano gioielli in ogni epoca e ad ogni età. A fianco, un canopo femminile di Chiusi con tanto di orecchini.

Polvere d'oro

Le tecniche dell'oreficeria etrusca, e in particolare la granulazione, hanno provocato discussioni a non finire. In realtà la granulazione non è un'invenzione etrusca: ne possiamo osservare alcuni esempi già nel tesoro di Priamo a Troia (2350-2100 a.C.), nell'Egitto dell'inizio del II millennio e, in varie epoche, anche in Grecia. È vero però che gli etruschi sapevano lavorare grani talmente minuscoli da far parlare di polvere d'oro. A quanto pare, alcuni orafi contemporanei sono riusciti a fare un po' di luce su buona parte dei segreti dei loro antichi predecessori; nell'attesa di un chiarimento definitivo accontentiamoci di leggere il *Trattato dell'oreficeria* di quel grande "etrusco" rinascimentale che risponde al nome di Benvenuto Cellini...

dell'importanza degli scambi economici che avvenivano fra le due regioni.

È stato redatto l'inventario della tomba Bernardini, il cui corredo risale, come quello delle altre due tombe principesche che abbiamo appena citato, a poco prima della metà del VII secolo a.C. Gli oggetti recuperati sono un centinaio: una dozzina d'oro, una quarantina d'argento, una trentina di bronzo e pochi altri di ferro, di ceramica, di vetro, d'ambra e d'avorio. Quest'ultimo materiale basterebbe da solo a illuminarci sui rapporti fra l'Etruria e l'Oriente; del resto, a Vetulonia sono stati scoperti frammenti d'avorio grezzo, a riprova del fatto che tali oggetti, per lo più preziosi e spesso decorati con eleganza, non erano tutti importati dall'Oriente, dalla Siria o da Cipro, ma per la maggior parte erano eseguiti sul posto, sia da artigiani locali, su imitazione di manufatti o di disegni importati, sia da artigiani greci od orientali immigrati in Etruria.

L'intero repertorio iconografico cipro-fenicio,

La patera di argento dorato (sopra), di ispirazione egizia, proviene dalla tomba Regolini-Galassi. In Etruria i ritratti scolpiti degli antenati dimoravano spesso sul tetto dei palazzi, ma non di rado accolgono i visitatori nella camera principale di una tomba. È il caso delle cinque statuette di terracotta dipinta, come questa a fianco (alta 47 cm), che erano collocate su altrettanti seggi scolpiti nel tufo di una tomba di Cerveteri, detta appunto dei Cinque Seggi, datata al 600 a.C. circa. La foggia dei mantelli e la fibula agganciata sulla spalla sinistra testimoniano che questi personaggi erano vissuti circa mezzo secolo prima.

egizio o proveniente da Urartu (l'antica Armenia), fatto di leoni, sirene e sfingi, basta da solo a giustificare l'appellativo "orientalizzante" conferito a questo periodo.

La lavorazione dell'oro e del bucchero: due tecniche raffinatissime

Fra gli oggetti eseguiti in loco figurano anche numerosi gioielli d'oro, capolavori di oreficeria lavorati con la tecnica della granulazione. Il procedimento, che consiste nel forgiare minuscole palline d'oro e nell'applicarle poi su una lastra, non è di origine etrusca ma proprio dagli etruschi fu portato all'apice della raffinatezza.

Nella maggior parte delle tombe di quest'epoca si trova anche un prodotto esclusivo dell'Etruria: il bucchero, nero sia nell'impasto sia nella superficie. Questa ceramica locale compare verso il 670 a.C. soprattutto a Caere, che comincerà ben presto a esportare i suoi prodotti non solo nell'Etruria meridionale e nel Lazio, ma anche in Sicilia e perfino a Cartagine. Negli esemplari più raffinati questa terracotta è molto sottile ("bucchero sottile", lo definiscono infatti gli studiosi) e spesso è decorata con motivi geometrici incisi. Negli ultimi decenni del VII secolo compare anche una straordinaria produzione di buccheri con decorazioni figurate.

Su un vaso scoperto a Veio, per esempio, si può vedere – insieme ad animali tipici del repertorio orientale, quali cavalli alati, leoni e pantere – un incontro di pugilato. Ora, sappiamo che proprio in quel periodo Tarquinio Prisco aveva fatto venire a Roma una scuderia di pugili etruschi….

Gli etruschi trascrivono la loro lingua in caratteri greci

Gli esempi di Caere e di Preneste sono molto conosciuti, ma in località etrusche più a nord, come Populonia e Vetulonia, sono venuti alla luce altri sepolcri principeschi. A Marsiliana d'Albegna, fra Vulci e Populonia, un sito oggi scomparso, vengono scoperte molte sfarzose tombe del periodo orientale recente (dal 630 a.C. in poi).

Dopo il VII secolo a.C. la qualità del bucchero etrusco peggiora: le pareti aumentano di spessore e in tal caso gli archeologi parlano di "bucchero pesante". Compaiono forme inedite, come questa *oinochoe* a testa bovina (sotto), e le tecniche decorative si evolvono in direzione del rilievo (Tarquinia, Orvieto, Vulci, Chiusi). All'inizio del V secolo il bucchero è praticamente scomparso, sostituito dai vasi dipinti che imitano prodotti attici.

Questa statua di bambino etrusco reca sulla spalla un'iscrizione incompleta a causa del braccio spezzato. Il testo più lungo che ci sia pervenuto è piuttosto recente (II-I secolo a.C.) e ha una storia molto curiosa. Verso la metà dell'Ottocento un collezionista croato aveva riportato in patria dall'Egitto, secondo l'uso dell'epoca, alcuni oggetti antichi, fra i quali una mummia. Qualche tempo dopo ci si accorse che le bende del macabro reperto erano coperte da un testo scritto con l'inchiostro nero. Solo nel 1892 questo testo, di oltre 1200 parole, venne identificato come etrusco. È un calendario rituale che specifica le cerimonie da compiere nei giorni prestabiliti in onore di varie divinità. Si pensa che questo libro di lino, conosciuto come *liber linteus* di Zagabria, appartenesse a un aruspice o a una piccola comunità etrusca insediata nella valle del Nilo, e che sia stato poi ridotto in strisce per fasciare la mummia.

In una di queste, chiamata "cerchio degli Avori", venne trovata una tavoletta rettangolare d'avorio, che serviva per scrivere e che recava inciso un alfabeto di ventisei segni (un alfabeto modello).

Gli etruschi usavano la scrittura già all'inizio del VII secolo: le prime iscrizioni risalgono infatti a questo periodo, caratterizzato da un crescente volume di scambi commerciali. Proprio per ragioni commerciali gli etruschi vennero indotti a trascrivere la propria lingua in caratteri greci, simili a quelli dei loro vicini della colonia ellenica di Cuma. Questo episodio basta a far giustizia di uno dei luoghi comuni più duri a morire, cioè che la lingua etrusca sarebbe assolutamente misteriosa e sconosciuta: possiamo leggerla senza problemi proprio perché è sostanzialmente scritta in caratteri greci.

A poco a poco l'etrusco svela i suoi segreti

A quell'epoca la scrittura era riservata agli ambienti aristocratici. Il dominio e l'uso di questa preziosa tecnica appaiono in effetti un segno di distinzione sociale, e la classe dominante ne rivendica l'esclusività. Ma di lì a non molto la scrittura si diffonderà in strati più vasti della popolazione: molti artigiani, di condizione certo inferiore, firmano i loro prodotti, ceramiche o pitture parietali funerarie che siano.

D'altronde le iscrizioni più antiche – ci restano infatti soltanto epigrafi – sono quasi tutte brevissime, ridotte a poche parole, per la maggior parte nomi propri. In generale ci dicono che questo o quell'oggetto sono di Tizio, in una formula volta in prima persona ("Appartengo a Tizio"), o che sono doni votivi ("Caio offrì questo a..." seguito dal nome della divinità). Queste iscrizioni non presentano problemi di lettura o di interpretazione, anche se magari esitiamo sull'accezione esatta di un verbo che in ogni caso esprime un'offerta, un dono o una dedica. Resta ancora molta strada da fare per tradurre i testi più lunghi, ma i grandi enigmi dell'etrusco cominciano, sia pure fra lentezze e difficoltà, a sciogliersi.

Sugli ex voto etruschi figurano spesso delle iscrizioni: a quanto pare questo cagnolino di bronzo era dedicato a Calu, un dio etrusco dell'Oltretomba. Il bronzetto a fianco, venuto alla luce nei pressi delle rive del Trasimeno, rappresenta invece un bambino che reca al collo una *bulla*. Sulla gamba destra leggiamo la parola FLERES ("statua?" "dio"? "dono votivo"?).

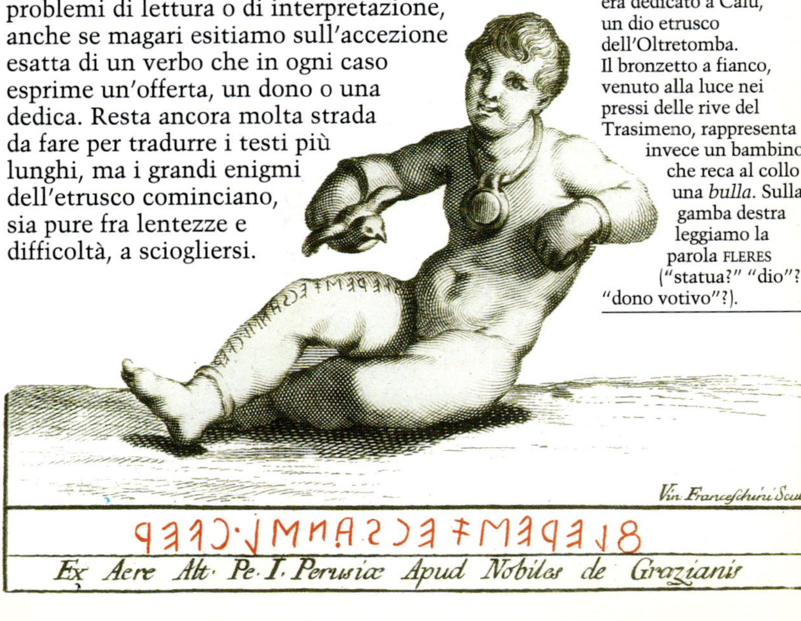

III. ETRUSCHI ALL'APOGEO

"Quasi tutta l'Italia era sotto il dominio degli etruschi": perfino Catone il Censore riconosceva che prima di Roma c'erano gli etruschi. La grandezza dell'Etruria del VI secolo a.C. è prima di tutto quella delle sue dodici città, il motivo stesso della sua debolezza. Lucumoni e magistrati sono in perpetuo disaccordo. L'impossibile unità etrusca...

Alla fine del VI secolo a.C. la potenza di Porsenna, re di Chiusi e di Volsinii, è davvero notevole. Della sua tomba Plinio il Vecchio ci ha lasciato una descrizione fantasiosa, fonte di ispirazione per molti artisti (a fronte uno dei tanti esempi). A destra un vaso zoomorfo, da un'incisione di G.B. Passeri.

Alla fine del VII secolo le grandi città etrusche hanno ormai una loro fisionomia tipica. Sorgono in luoghi molto simili tra loro: un colle o un promontorio facile da difendere, circondato da corsi d'acqua, in prossimità del mare e vicino a una pianura in grado di garantire non solo il rifornimento alimentare ma anche l'esportazione dell'eccedenza di prodotti agricoli. Per l'Etruria il VI secolo è l'era dei traffici commerciali.

L'indizio più evidente di questa urbanizzazione sono le cinte di mura. Le prime fortificazioni di Roselle, costruite con mattoni di argilla seccati al sole, risalgono forse alla metà del VII secolo. Verso il 550 al loro posto viene eretta una nuova cinta, stavolta di pietre poligonali, lunga più di tre chilometri. A Populonia, a Volterra, a Vetulonia e a Veio si trovano fortificazioni della stessa epoca.

La Porta dell'Arco di Volterra faceva parte della cinta muraria etrusca del IV secolo a.C. L'arco fu parzialmente restaurato in epoca romana, ma nel complesso si tratta di un'opera assai ben conservata. Caratteristiche le tre teste sporgenti, scolpite in tufo nero, che probabilmente rappresentano i numi tutelari della città.

La piccola Roma diventa la grande "Urbs" grazie all'urbanistica etrusca

Il caso di Roma è altrettanto tipico. La futura Città eterna non si trova propriamente in Etruria ma alcuni autori classici la dichiarano etrusca. In quest'epoca Roma è dominata da una dinastia etrusca: la tradizione storiografica ricorda le mura serviane, che sarebbero state costruite un po' prima della metà del VI secolo. Tra la fine del VII secolo e l'inizio del VI gli etruschi bonificano una vallata paludosa (destinata a ospitare il Foro repubblicano) che consente alla città di trovare la sua unità urbanistica. Per questo costruiscono un enorme asse fognario, la Cloaca Massima.

La bonifica di un'altra depressione situata fra il Palatino e l'Aventino, la piana Marcia, serve invece a impiantare il Circo Massimo, destinato a essere per molti secoli il più grande edificio per spettacoli del mondo. Questa attività edilizia riveste anche e soprattutto carattere religioso: citiamo il tempio di Giove Ottimo Massimo sul Campidoglio, con pianta di tipo tuscanico, e il tempio della Fortuna e della Mater Matuta nel Foro Boario, dove gli scavi più recenti hanno confermato la tradizione letteraria.

Le dodici città della Lega etrusca

Molti autori antichi parlano della dodecapoli etrusca senza precisare i nomi delle città che la componevano. Si è tentato più volte di ricostruire un elenco attendibile, giungendo talvolta a enumerare più di dodici centri. In realtà, questa lista ha subito dei cambiamenti nel tempo: alcune città furono assorbite da altre, mentre gli antagonismi politici portarono all'esclusione, provvisoria o definitiva,

Dal IV secolo a.C. in poi Perugia fu un potentissimo centro etrusco dell'alta Val Tiberina. Molte porte della sua cinta muraria sono rimaste incorporate in costruzioni più recenti. Qui vediamo l'arco etrusco, detto Arco di Augusto, fiancheggiato da due torri e sormontato da una cornice a fasce. La loggetta della torre di sinistra fu eretta nel Cinquecento.

di questa o di quell'altra. Per cercare di ricostruire la dodecapoli originaria bisogna partire da documenti oggettivi: le notizie di Tito Livio sui popoli etruschi che sostennero Scipione nella spedizione d'Africa contro Cartagine (205 a.C.) e le iscrizioni di età imperiale sui magistrati della lega etrusca. Si giunge così alla conclusione che la prima lega etrusca, fondata alla fine del VII secolo o all'inizio del VI, comprendeva Caere, Tarquinia, Vulci e Vetulonia per l'Etruria marittima; Veio, Volsinii, Chiusi e Perugia per l'Etruria interna tiberina; Volterra, Arezzo, Cortona e Fiesole nell'Etruria settentrionale. La lega possedeva un centro religioso, il santuario di Voltumna, il dio protettore della lega etrusca, situato nel territorio di Volsinii.

La religione è il più forte collante della confederazione: ogni anno, sotto l'autorità di un prete eletto, il *sacerdos*, si organizzano al Fanum Voltumnae feste, cerimonie e in particolare giochi (*ludi*). I giochi panetruschi che si tengono in questa Delfi italica rappresentano l'equivalente dei giochi panellenici olimpici o pitici. Le iniziative politiche comuni, invece, restarono probabilmente assai limitate. Tuttavia la confederazione dovette svolgere un ruolo essenziale all'epoca della colonizzazione della pianura padana, dove sembra venisse fondata un'altra dodecapoli, con Felsina (l'odierna Bologna) come capitale.

Gli amanti dell'arte dell'antica Roma facevano collezione di statuette etrusche, i *thyrrena sigilla*, come li chiama Orazio. Bronzetti come quelli a fianco si trovano isolati, come ex voto, o come oggetti di arredamento (soprattutto i candelabri) e raffigurano divinità, guerrieri, devoti, atleti... La statuetta filiforme, la celeberrima "Ombra della sera", sembra un'anticipazione dell'opera di Alberto Giacometti.

Il regno dei lucumoni

Le stesse fonti letterarie che ricordano l'esistenza di una lega etrusca dei dodici popoli,

il *nomen etruscum*, parlano a varie riprese della presenza di re etruschi, o meglio di lucumoni, alla testa delle città e – almeno in epoca arcaica – della lega.

A dire il vero oggi ci si chiede spesso se questo termine fosse un nome comune o di persona: così, secondo Tito Livio, Tarquinio Prisco, prima di diventare re di Roma, nella sua lingua si chiamava "Lucumo". Poi lo storico romano, con evidente anacronismo, riferisce che il re adottò i *tria nomina* (*praenomen*, cioè il nome proprio, *nomen*, il nome della famiglia e *cognomen*, il soprannome) del cittadino romano; fra questi, il prenome Lucius avrebbe ricordato proprio il primitivo nome etrusco. Ma forse non c'è contraddizione: anche oggi esistono i Rossi e i Derossi.

In epoca piuttosta remota l'Etruria avrebbe quindi conosciuto un regime monarchico, periodicamente restaurato in certe città fino alla metà del IV a.C.

Secondo Tito Livio, all'inizio del IV secolo Veio non ottenne l'appoggio incondizionato della

Gli spettatori etruschi erano particolarmente attratti dagli sport violenti, come la boxe e la lotta libera. Il pugilato si svolgeva con tanto di colonna sonora: al centro, il pugile (il cui avversario è stranamente scomparso) è accompagnato da un giovane auleta. Sulla destra, sotto gli occhi attenti dell'arbitro, uno dei lottatori sta per andare al tappeto. Nell'Antichità la gara di lotta si concludeva al terzo atterramento.

lega etrusca non tanto perché retta da un regime monarchico, da tempo rinnegato dalle altre città, quanto perché il suo sovrano si era attirato l'odio universale per un vero e proprio sacrilegio: infuriato per non essere stato eletto sommo sacerdote, aveva ordinato il ritiro di tutti i suoi attori e atleti dalle feste panetrusche proprio durante il loro svolgimento.

Quando i lucumoni etruschi vennero sostituiti da regimi "repubblicani", contrassegnati dalle pubbliche magistrature secondo il classico modello romano? Proprio l'esempio di Roma indurrebbe a risalire alla fine del VI secolo, ma altre considerazioni suggeriscono una diversa risposta. Un'iscrizione venuta alla luce qualche anno fa in Emilia – cioè ai confini dell'Etruria – ricorda la presenza di uno *zilath* (un magistrato di grande importanza, simile al *praetor* romano) fin dall'inizio del VI secolo.

Viene allora da domandarsi se le grandi città etrusche non abbiano cambiato regime già verso il 600 a. C.; a meno che, naturalmente, questo magistrato non fosse agli ordini di un lucumone.

"[Servio Tullio Mastarna] era uno di quei capi rivoluzionari e plebei che, nel momento in cui il regime monarchico vacillava sia in Italia sia nell'intero bacino del Mediterraneo, si ersero, alfieri di una nuova ideologia, a spodestare i re e a liberare i popoli, aprendo la via all'età repubblicana. Era davvero lui quello che a ragione o a torto gli annalisti romani, redigendo l'elenco dei re di Roma, posero fra i due Tarquini? A favore di questa tesi milita il fatto che Servio Tullio – il cui nome è peraltro indizio di origine servile o straniera – veniva considerato il fondatore di tutte le istituzioni democratiche della Roma repubblicana."

Jacques Heurgon

Anche l'Etruria, come la Grecia, ha i suoi tiranni

Un'altra cosa è certa: il VI secolo segna la sperimentazione e il consolidamento di nuove forme di potere "misto", o più precisamente "tirannico" (nel senso greco del termine). Un esempio di questo processo può essere individuato in Servio Tullio, presunto re di Roma (578-534 a.C.) dopo Tarquinio Prisco.

Il sarcofago di un magistrato proveniente da Cerveteri.

Il protagonista di questo affresco è stato definito "il più antico ritratto in piedi di tutta la pittura europea". Si tratta di Vel Saties, un aristocratico di Vulci (fine del IV secolo a.C.), che si accinge a osservare il volo dell'uccello liberato dallo schiavetto Arnza. L'arte della divinazione era una prerogativa della classe dominante. Vel Saties indossa una splendida toga ricamata con motivi figurati: è la *toga picta*, riservata ai trionfatori romani. Roma riprenderà quasi tutte le insegne etrusche del comando (fasci littori, sedie curuli ecc.), destinandole ai magistrati repubblicani.

Gli storici latini hanno insistito sulle sue origini latine per dissimulare la presenza etrusca a Roma nell'arco di tutto il VI secolo; una presenza peraltro incontestabile anche dalla semplice lettura delle epigrafi. Di recente gli archeologi hanno trovato nell'area di Sant'Omobono, che sorge sull'antico Foro Boario, una figurina d'avorio che raffigura un leone sdraiato sul cui dorso è inciso il nome etrusco "Spurinna". Si tratta del nome di una famiglia di Tarquinia (la città d'origine dei Tarquini) portato da molti personaggi illustri nella storia dell'Etruria e di Roma, tra i quali l'aruspice che avrebbe predetto a Cesare le fatali Idi di marzo. Sappiamo, grazie a una notizia divulgata dall'imperatore Claudio, che Servio Tullio era un etrusco di Vulci chiamato in realtà Mastarna. Sarebbe venuto a Roma, proprio come i capitani di ventura del Rinascimento, alla testa delle sue truppe e con due luogotenenti, i fratelli Aulo e Celio Vibenna. Questi sono probabilmente i fatti illustrati dagli affreschi della tomba François a Vulci (fine del IV secolo a.C.); i tre eroi di Vulci, Mastarna e i fratelli Vibenna, lottano contro guerrieri di provenienza diversa: etruschi, falisci e latini, fra i quali un Tarquinio di Roma.

Per le modalità con cui prende il potere, per la politica che attua e per le istituzioni che gli vengono attribuite, Servio Tullio assomiglia per molti aspetti a un tiranno greco: il suo ritratto ha molti punti in comune con quello di Thefarie Velianas, signore di Caere, vissuto circa cinquant'anni più tardi. In questo caso la nostra fonte è costituita dalle lamine d'oro di Pyrgi (il porto di Caere). Il dedicatario di un tempio della dea Astarte – la Uni etrusca – è definito nel testo fenicio "re di Caere", mentre nel testo etrusco è chiamato *zilath*, cioè magistrato: da questa ambiguità possiamo dedurre la natura tirannica del suo potere.

Nato a Caere, il tumulo monumentale (sopra) sparirà anche dalla sua stessa necropoli, la Banditaccia. Verso la fine del VI secolo, infatti, compare una nuova struttura funeraria che consente di risparmiare spazio e di tracciare vie rettilinee (via dei Monti della Tolfa, dei Monti Ceriti, delle Serpi...). Come tappa intermedia si trovano sporadicamente i "dadi", strutture a pianta circolare.

Le grandi necropoli dell'Etruria rivelano l'ascesa di una classe di commercianti e artigiani

In ogni caso è chiaro che nella seconda metà del VI secolo la società etrusca è, per lo meno nell'Etruria meridionale e centrale, ben diversa da quella che abbiamo descritta in precedenza. Ce lo conferma, anche in questo caso, l'archeologia funeraria, soprattutto quella di Caere. La necropoli diventa oggetto di un vero e proprio piano urbanistico: la città dei morti ha ora le sue strade e talvolta perfino le sue piazze. Le tombe assumono sempre più una forma quadrangolare; sono perfettamente uniformi e le facciate, allineate con cura sulle vie che s'intersecano ad angolo retto, formano autentiche *insulae*. Questa razionalizzazione e pianificazione dello spazio corrispondono a ciò che altrove sappiamo e vediamo della struttura urbana,

Ormai si decora quasi soltanto la facciata della tomba, ricorrendo all'alternanza cromatica (fasce di pietre chiare alternate al rosso del tufo). Spesso nella parte superiore si trova un cornicione a becco di corvo; soprattutto la porta, di tipologia dorica, presenta decorazioni assai elaborate, simili a quelle già presenti nell'interno delle sepolture.

I palazzi funerari dell'aristocrazia etrusca

La tomba Regolini-Galassi (pagina a fronte), così chiamata dal nome dei suoi scopritori, si trova nella necropoli del Sorbo, a Cerveteri, ed è una delle più famose di tutta l'Etruria. In parte scavata nel tufo, in parte edificata, è una specie di tomba-vestibolo, tutta estesa in lunghezza. Le due piccole camere laterali presentavano un corredo ricchissimo. All'altro capo dell'Etruria, a Quinto Fiorentino (località a nord-ovest di Fiesole), si trovano le tombe della Montagnola (a sinistra in alto) e della Mula (in basso). Entrambe presentano un corridoio di accesso (*dromos*) e una camera funeraria costruiti con pietre ben squadrate; la falsa volta (o cupola) ricorda il *tholos* miceneo.
Nelle pagine seguenti: la tomba dell'Alcova, nella necropoli della Banditaccia, è tipica dell'architettura funeraria di Caere nel corso del IV secolo a.C. Ha possenti pilastri scanalati e un soffitto a doppia inclinazione nella "navata centrale"; la camera-alcova accoglie il letto della coppia a cui la tomba è riservata.

Alle soglie dell'Ade

Il nome della tomba degli Auguri, a Tarquinia, è frutto di un'errata interpretazione: gli studiosi, sviati dal *lituus* impugnato dal personaggio dell'affresco sopra, lo scambiarono per un augure. Ma solo gli auguri romani hanno come insegna il *lituns*: costui è invece l'organizzatore dei giochi raffigurati sulle altre pareti della tomba. La falsa teoria trovava conferma nella presenza di uccelli, qui semplici motivi decorativi ma oggetto di osservazione per gli auguri romani. Al centro della parete di fondo si trova una finta porta (molto probabilmente la porta degli Inferi).
Ai lati, i due personaggi che si portano la mano alla fronte in segno di dolore sono senza dubbio due "professionisti" del compianto funebre.

dove comincia a venire applicato il sistema greco ortogonale, detto ippodameo.

Il fenomeno è stato forse determinato da motivi religiosi, poiché impiantare una tomba nuova su quelle antiche era considerato un sacrilegio. La nuova organizzazione rivela comunque la comparsa di una classe media più omogenea, che deve le proprie fortune al commercio e all'artigianato. La necropoli settentrionale di Orvieto, in località Crocifisso del Tufo, è estremamente significativa a questo proposito, strutturata com'è secondo una vera logica urbanistica, con gli isolati delle tombe e le vie ad angolo retto. Le tombe a stanza unica, costruite tutte nello stesso modo, hanno la facciata ornata da una cornice con motivi egizi.

Attraverso le vestigia del mondo dei morti intravediamo una società fondata su una classe media quanto mai omogenea. Con le sue centinaia di piccoli tumuli la necropoli di Tarquinia ne dà una rappresentazione fedele: le tombe dipinte,

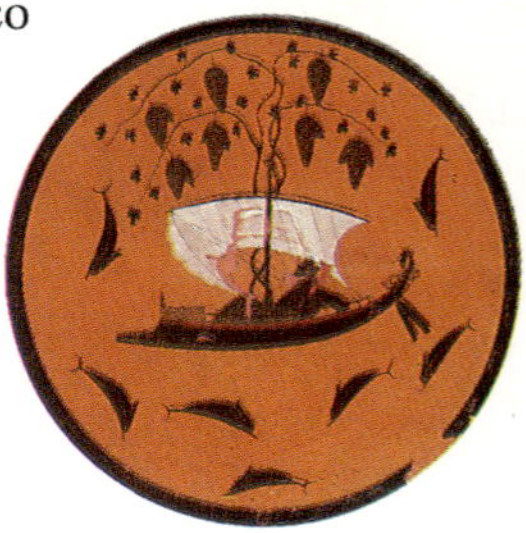

Nell'arte etrusca la rappresentazione, reale o mitologica, di navi mercantili e da guerra ricorre fin dall'epoca villanoviana. Sotto, una ricostruzione ottocentesca.

che costituiscono la principale attrazione turistica del sito, non superano di fatto il due per cento del totale.

L'impero etrusco entra nell'età dell'oro come vasta confederazione di città

La comparsa di una classe media è legata all'incremento produttivo, che favorisce l'arricchimento di nuovi gruppi sociali, e all'intensificarsi degli scambi commerciali con tutto il Mediterraneo. È questo il momento in cui la civiltà etrusca, in fortissima espansione, tocca l'apogeo: tutte le fonti lo confermano. Secondo la tradizione storiografica, gli etruschi regnano su Roma dal 616 al 509 a.C., cioè, all'incirca, per tutto il VI secolo.

Erodoto riferisce un fatto significativo avvenuto nel quadro della lotta per il dominio del Tirreno: la battaglia navale di Alalia, al largo della Corsica (540/535 ca). A scontrarsi sono i focesi – che, cacciati dall'Asia Minore dalla conquista

Gli etruschi avevano fama di pirati; si trattava in gran parte di una voce messa in giro dai greci, invidiosi del successo commerciale dei loro concorrenti italici. Il fondo della coppa attica della pagina a fronte illustra in forma mitologica la presenza etrusca nell'Egeo: Dioniso, rapito dai pirati tirreni che vogliono venderlo come schiavo, li trasforma in delfini.

persiana, cercano di insediarsi nel bacino occidentale del Mediterraneo – e gli etruschi di Caere, alleati per quell'occasione con i cartaginesi. Benché lo storico greco si esprima in termini piuttosto ambigui, si deduce che sono gli alleati a prevalere. Gli abitanti di Caere si comportano malissimo, lapidando i prigionieri focesi ottenuti con la spartizione del bottino.

La supremazia etrusca nella regione ne risulta consolidata, anche se i feroci vincitori sono colpiti da una violenta epidemia e, per espiare la loro colpa, sono costretti ad andare a consultare l'oracolo di Delfi. Caere, infatti (come del resto Spina sull'Adriatico), intratteneva ottimi rapporti con il santuario di Apollo, se è vero che vi eresse addirittura un tempietto votivo ("tesoro").

Dai nomi delle divinità etrusche possiamo renderci conto del processo di ellenizzazione subito dalla religione etrusca. Certi dei locali furono assimilati ai loro corrispondenti greci: Tina (raffigurato nel bronzetto in basso a sinistra) a Zeus, Turan ad Afrodite, Turms a Ermes, Fufluns a Dioniso, Sethlans a Efesto. Altri nomi di divinità sono di chiara derivazione greca: Apulu è Apollo (sopra), Artume è Artemide ed Hercle Eracle.

Etruschi e cartaginesi

In effetti sono molti gli etruschi (o tirreni, come li definiscono le fonti greche, letterarie ed epigrafiche) che frequentano i grandi santuari panellenici, Delfi e Olimpia.

Essi non esitano a consacrare ad Apollo o a Zeus ricchi ex voto in ricordo di vittorie militari o di altri successi: secondo Pausania, la più antica offerta fatta a Zeus Olimpio da un barbaro è di un re etrusco, Arimnestos, che alla divinità aveva consacrato un trono.

L'alleanza fra i cartaginesi (della Sardegna?) e gli abitanti di Caere assicura inoltre agli etruschi il controllo del mar di Sardegna e li mette in grado di far prosperare la loro colonia di Aleria, sulla costa orientale della Corsica, fino alla conquista romana. Quest'alleanza etrusco-cartaginese è perfettamente documentata dall'archeologia, anche se per un periodo leggermente posteriore. A Pyrgi, uno dei porti di Caere, sono state ritrovate tre lamine d'oro incise (due in etrusco e una in fenicio) che commemorano la fondazione di un tempio dedicato ad Astarte (identificata con la dea etrusca Uni e con la Giunone romana). La religione cementava ancora una volta l'unione fra i due popoli, e senza dubbio un certo numero di commercianti punici si era stabilito nel porto di Caere. D'altronde, nel territorio stesso di Cartagine sono state scoperte molte ceramiche etrusche posteriori al 650 a. C. È venuta alla luce anche una tavoletta d'avorio con iscrizione etrusca, molto probabilmente una specie di passaporto che consentiva a un mercante di Cartagine la libera circolazione in Etruria.

L'acroterio più celebre del tempio di Portonaccio a Veio è senza dubbio la statua fittile dell'*Apollo* di Vulca; il santuario era però dedicato a Menerva (Minerva).

I porti, crocevia commerciali e culturali

Nel VI secolo l'Etruria conosce dunque un periodo di intenso fermento, in cui i rapporti fra i suoi abitanti e gli stranieri sono frequenti e, almeno in apparenza, facili. Il miglior esempio di questa situazione è forse l'*emporion*, cioè il porto franco, di Gravisca, una cittadina legata a Tarquinia. I mercanti – in un primo tempo provenienti dalla Grecia orientale e in seguito da Egina – frequentano questo scalo portuale, dove sono protetti dai loro dei, perché hanno ottenuto dagli etruschi il diritto di erigere un vero santuario greco, con edifici consacrati ad Afrodite, a Era, a Demetra e, a partire dal 550 a.C., ad Apollo. Dopo il 500 gli etruschi assumeranno un ruolo sempre più importante nella gestione del santuario, ormai consacrato a divinità locali. Solo la conquista romana, all'inizio del III secolo, porrà fine alla sua esistenza.

A proposito degli scavi di Gravisca

va ricordato un fatto che può sembrare solo un aneddoto e che invece è gravido di conseguenze per la storia dell'arte etrusca. Fra gli oggetti offerti come ex voto in questi santuari ellenici sono stati scoperti, mescolati alle ceramiche greche, alcuni frammenti di coloranti ocra e blu. Sappiamo che colori di questo tipo vennero utilizzati dai pittori nelle tombe di Tarquinia: ecco quindi un concreto indizio che alcuni artisti greci immigrati lavorarono nella necropoli di Monterozzi, come era già intuibile dall'analisi dello stile greco-orientale di alcune di queste pitture.

Sulle pareti delle tombe rivivono scene di straordinaria gaiezza

Alcune tombe particolarmente belle di Tarquinia avevano fatto supporre la presenza di artisti greci; questa ipotesi si è ormai trasformata in certezza. Le tombe dipinte appartengono alle classi più ricche della società: la tomba dei Tori (540-530 a.C. circa), per esempio, notissima ai visitatori per i suoi motivi erotici e per la scena mitologica dell'agguato

Il volo di questi uccelli non è osservato da un augure ma, più prosaicamente, da un cacciatore che cerca di colpirli con una fionda. In Etruria gli uccelli acquatici erano apprezzatissimi, ma il *non plus ultra* dell'attività venatoria era costituito dalla caccia al cinghiale, come testimonia la tomba della Scrofa Nera a Tarquinia. Nell'affresco riprodotto qui sopra il pescatore ritira la lenza (o la rete); sulla prua della barca è raffigurato un occhio portafortuna.

teso da Achille a Troilo, figlio di Priamo, apparteneva, come ci dice un'iscrizione dipinta sulla parete, agli Spurinna, una della famiglie più importanti di Tarquinia. I motivi che più di frequente ricorrono in questi affreschi – banchetti, danze, giochi, scene di caccia e di pesca – rivelano la qualità della vita e la mentalità delle classi dominanti. Sono inoltre di grande importanza storico-artistica, in quanto ci forniscono una testimonianza unica nell'Antichità classica. La grande pittura greca è infatti quasi interamente perduta e la pittura vascolare ci restituisce solo un pallido riflesso del suo splendore.

Come tante altre attività, dal pugilato alla panificazione, anche certe cacce (in particolare quelle al cinghiale e al cervo) si svolgevano con accompagnamento musicale. In etrusco questo suonatore si chiama *suplu* (latino *subulo*). I moderni lo definiscono "flautista", anche se il suo strumento, ad ancia, assomiglia di più all'oboe o al clarinetto.

I galli hanno scoperto il vino grazie agli etruschi

Nei traffici commerciali che fioriscono nel Mediterraneo gli etruschi hanno un ruolo di primo piano. I prodotti base degli scambi sono l'olio e il vino. È stata recentemente riconosciuta la matrice etrusca di anfore e buccheri ritrovati in Corsica, in Sardegna, in Sicilia, a Cartagine e nel tratto costiero della Linguadoca e della Provenza; di solito il luogo di fabbricazione di solito è Vulci.

Le prime anfore vinarie venute alla luce in Francia sono senza ombra di dubbio etrusche. Sì, è proprio agli etruschi che si deve l'introduzione del vino in terra francese.

È ovvio che gli scambi non avvengono a senso unico. Nel VI secolo l'Etruria importa parecchio, in particolare ceramica: dapprima quella corinzia, poi quella attica. I tirreni acquistano migliaia

e migliaia di vasi ateniesi, tanto che certe manifatture lavorano solo per il mercato etrusco, contribuendo così a diffondere le immagini della mitologia e della vita quotidiana d'oltremare. In questi scambi rientrano anche merci deperibili come le derrate alimentari, per esempio le carni sotto sale.

L'espansione territoriale, gli scambi economici e la mobilità sociale sono testimoniati dai molti documenti di antica o recente scoperta. Nelle necropoli di Orvieto, per esempio, si trovano molti nomi di origine non etrusca bensì greca, italica e perfino celtica (un certo Catacus aveva etruschizzato il suo nome gallo aggiungendovi il suffisso -na, trasformandosi così in Katacina). C'è anche il risvolto della medaglia: alcune iscrizioni attestano la presenza etrusca (non priva, talvolta, di implicazioni propriamente coloniali) nelle località più svariate, da Lattes (vicino all'odierna Montpellier) a Pompei fino alla stessa Roma.

Gli etruschi re di Roma: affari di famiglia?

Della dinastia etrusca che regnò su Roma dal 616 al 509 a.C. gli storici antichi ci hanno tramandato soltanto tre nomi. Tre re in oltre un secolo sono decisamente pochi, soprattutto per un'epoca in cui si moriva giovani. La lista dei sette re di Roma ha dunque un valore quasi esclusivamente simbolico. Nel discorso riprodotto sulla *Tabula claudiana* di Lione l'imperatore Claudio ammette che Servio Tullio è stato inserito fra Tarquinio Prisco e Tarquinio il Superbo. La storia del primo Tarquinio è davvero rivelatrice: sarebbe stato, infatti, figlio di un cittadino di Corinto, tale Demarato, giunto a Tarquinia verso il 650 a.C. come profugo politico, probabilmente perché aveva a Tarquinia interessi commerciali. Abbiamo detto che proprio in quest'epoca la ceramica corinzia era oggetto di massiccia importazione, tanto da provocare un'ondata di imitazioni locali (la ceramica etrusco-corinzia, prodotta dal 630 al 540 a.C.). Demarato, inoltre, non sarebbe approdato in Etruria da solo ma con una nutrita scorta di artisti e di artigiani; avrebbe così insegnato ai suoi ospiti – dice sempre la tradizione – le arti plastiche e la scrittura (da ricordare però che le prime iscrizioni precedono di mezzo secolo il suo presunto arrivo).

Sembra proprio che Demarato sia riuscito a inserirsi perfettamente a Tarquinia. Suo figlio Lucumone farà di più: si insedierà addirittura sul trono di Roma. Non è facile valutare esattamente tutte le implicazioni di questo evento. Tutta tesa a celebrare la grandezza e l'indipendenza di Roma, la tradizione storiografica romana parla di un affare di

Il proprietario della tomba dei Tori (pagina a fronte, in basso) è forse quello stesso Spurinna il cui nome figura inciso su dorso di un leoncino d'avorio trovato a Roma durante gli scavi di Sant'Omobono? In ogni caso possiamo seguire i destini di questa grande famiglia di Tarquinia per diversi secoli.
Sopra, uno dei tori da cui la tomba prende nome carica la coppia omosessuale. Scene erotiche di questo genere sono collocate, con finalità magiche, sopra le porte d'ingresso alle due piccole camere funerarie. Nell'arte e nella religione etrusche Eros e Thanatos, Amore e Morte, sono intimamente congiunti.
In alto a sinistra, scena di pugilato su un'anfora di Vulci.

famiglia; certi storici moderni pensano invece a un vero e proprio dominio politico esercitato in seguito su Roma da diverse città etrusche, fra cui Tarquinia e Chiusi, capeggiate da Porsenna.

Dobbiamo comunque constatare la presenza a Roma di gruppi aristocratici etruschi, come gli Spurinna, circondati dai loro *clientes*, che avrebbero letteralmente "fatto" la città e mutato nel profondo la cultura romana.

Le donne, protagoniste della società etrusca

Nella leggenda di Lucumone emerge un aspetto rivelatore dell'Etruria: il ruolo rivestito da sua moglie Tanaquil, soprannominata "fattrice di re".

Un aneddoto di Tito Livio ci rivela l'opinione dei romani sulle donne etrusche. Durante l'assedio della città di Gabi (epoca di Tarquinio Prisco) i giovani principi etruschi, per ammazzare la noia, si mettono a paragonare la virtù delle loro mogli: una di loro, Lucrezia, è romana. Pian piano la discussione si accende, al punto che decidono di andare a sorprenderle in casa. "Lucrezia apparve loro ben diversa dalle nipoti del re [Tarquinio, un etrusco...]: le avevano trovate con amiche [o amici] della loro età, davanti a un sontuoso banchetto [e, certo, sdraiate sui triclini!]; Lucrezia, invece, nel cuore della notte filava ancora la lana, vegliando sulle ancelle e seduta in mezzo alla casa" (J. Heurgon). L'epilogo della vicenda è noto: stupro di Lucrezia da parte di Sesto Tarquinio, irritato da tanta purezza, e cacciata dei re etruschi...

A fianco, un particolare del sarcofago di Larthia Scianti, proveniente da Chiusi.

È lei, esperta nelle arti divinatorie, a spronare il marito nel momento cruciale; è sempre lei, trentasette anni dopo, a far salire sul trono Servio Tullio. Tanaquil, nome femminile etrusco che ricorre con grande frequenza nelle iscrizioni, è il simbolo della libertà della donna etrusca e del suo *status* sociale, lontano anni luce da quello della donna greca, confinata spesso nel gineceo. La donna etrusca esce molto: assiste, fra l'altro, agli spettacoli sportivi, alle corse dei carri e alle gare di atletica. Ai greci, sempre un po' astiosi nei confronti degli etruschi, la faccenda garba poco, e certi scrittori in vena di pettegolezzi si scatenano sulla poca serietà della donna etrusca, sul suo amore per i banchetti e sulle sue prestazioni erotiche. In realtà può darsi che in Etruria, soprattutto nel santuario di Pyrgi, si praticassero forme di prostituzione sacra.

Se nel descrivere i costumi dei tirreni gli autori greci si fanno condizionare dalle loro ossessioni, è anche vero che alla fine del VI secolo a.C. l'Etruria vive la sua estate di San Martino: la decadenza, e con essa le prime sconfitte, è ormai alle porte.

L'epigrafia ci dice molto sulla condizione della donna etrusca, che ha diritto a un nome tutto suo (come Tanaquil), mentre, ad esempio, la figlia di Cicerone si chiama solo Tullia, dal nome paterno. I nomi maschili, che seguono un principio analogo, sono talvolta matronimici, il che ha indotto certi storici a parlare – del tutto erroneamente – di "matriarcato etrusco".

IV. GRANDEZZA E DECADENZA

Catullo, il poeta dell'amore, parla di *obesus etruscus*, "pingue etrusco". Sul coperchio dei sarcofagi di Tarquinia certi solenni magistrati ostentano una pancetta da commendatore. Che sia il segno della decadenza morale e del rammollimento di un popolo dedito a tutti i piaceri? No, la decadenza delle città etrusche si deve a ben altri motivi.

Questo dignitario etrusco non disdegnava certo i banchetti (vedi la collana di fiori, la coppa...); ma la pancetta da commendatore e l'anello d'oro sono i segni più tangibili del potere e della ricchezza.

La battaglia di Alalia dimostra che alla fine del VI secolo a.C. gli etruschi di Caere e i loro alleati cartaginesi controllano il mar Tirreno. Alcuni decenni dopo la situazione è completamente mutata: la talassocrazia etrusca volge al tramonto. A pochi anni di distanza gli alleati di ieri subiscono due disfatte rivelatrici ad opera della stessa potenza marinara greca, che questa volta non è Focea ma Siracusa.

Le due lagune di Salammbô, nei pressi di Tunisi (sotto), corrispondono rispettivamente al porto commerciale e a quello militare della Cartagine punica. Se ne vedono i simboli (il cavallo e la palma) sulla moneta della pagina a fronte.

La sconfitta di Cuma, inferta da Gerone, è la campana a morto della talassocrazia etrusca

Nella seconda metà del VI secolo a.C. i cartaginesi dominano non solo le coste dell'Africa settentrionale ma anche parte della Sicilia e della Sardegna. Nel 480 Gelone, tiranno di Siracusa, li sconfigge a Imera, in Sicilia. Una di quelle coincidenze che piacevano straordinariamente agli antichi (tanto che talvolta

se le inventavano) volle che nello stesso momento gli ateniesi trionfassero sui persiani nella battaglia navale di Salamina; così i greci ripulirono dai "barbari" tutto il Mediterraneo. Sei anni dopo, nel 474, tocca agli etruschi (altri "barbari", secondo i greci) subire un fiero colpo da parte della nuova armata navale del tiranno Gerone di Siracusa, fratello di Gelone. Il dramma si svolge al largo di Cuma, i cui abitanti, esasperati dalle incursioni etrusche, hanno chiesto aiuto ai siracusani. Due elmi – uno conservato al British Museum, l'altro a Olimpia – portano incisa una dedica di Gerone al santuario di Olimpia, in ricordo della vittoria del tiranno siracusano sui tirreni.

La battaglia di Cuma fu cantata da alcuni poeti greci, fra i quali Pindaro. Questo elmo etrusco porta incisa un'iscrizione greca che dice: "Gerone, figlio di Deinomene, e i siracusani a Zeus [lo offrono, avendolo preso] ai turana [tirreni] di Cuma".

La perdita di Roma separa la Campania etrusca dalla madrepatria

Gli etruschi si vedono così sbarrare la via del mare in direzione dei loro possedimenti campani che, assai fiorenti nel VI secolo, ormai sfuggono completamente al loro controllo. Gerone di Siracusa insedia a Ischia (le "isole Pitecuse" dell'Antichità) una guarnigione che gli consente di vigilare sul traffico fra l'Etruria e la Campania.

D'altra parte, secondo gli storici romani, nel 509 gli etruschi erano stati cacciati dal trono di Roma. In realtà a Tarquinio il Superbo succedettero certamente altri re etruschi, com'è probabile che in seguito l'Urbe sia stata conquistata da Porsenna, re di Chiusi, e da altre città tiberine, come Volsinii. All'inizio del V secolo le vie di terra verso Capua non sono più solido appannaggio degli etruschi. Questo processo di indebolimento avrà il suo culmine nella caduta di Capua (423): le popolazioni indigene insediate presso la città, i rozzi sanniti,

calano dai loro monti per occupare la capitale della dodecapoli meridionale. Lo testimonia l'epigrafia: a Capua non si trova più l'ombra di un'iscrizione etrusca. La lingua corrente è ora l'osco, che sarà ben presto sostituito dal latino.

I siracusani vorrebbero impadronirsi delle risorse minerarie etrusche della Corsica e dell'Elba

Il conflitto fra etruschi e siracusani non si limita alla battaglia di Cuma. Nel 453 due spedizioni militari raggiungono la Corsica e l'Elba, cioè le province minerarie dell'Etruria. Come al solito, all'origine di molti traffici mediterranei si trovano il possesso delle miniere e la ricerca dei metalli. I fenici e i primi coloni greci erano stati spinti proprio da questi motivi.

Il valore militare dei sanniti – qui sotto raffigurati in un dipinto funerario di Paestum risalente al IV secolo a.C.) – era ben noto. I romani se ne resero conto a loro spese: umiliati con le Forche Caudine, dovettero intraprendere ben tre guerre per sottometterli, proprio come accade per i fenici.

Nel 384 i siracusani, allora sotto la tirannia di Dionigi il Vecchio, organizzano spedizioni contro queste stesse regioni e ne approfittano per mettere a sacco il ricchissimo santuario di Pyrgi. D'altronde le ostilità non sono a senso unico: alla fine del V secolo, in occasione del conflitto fra Siracusa e Atene, gli etruschi forniscono ad Atene tre grandi navi: la coalizione etrusco-ateniese ottiene un effimero successo ma in quella campagna del 415-414 Atene andrà incontro a una disastrosa sconfitta.

Il declino delle città marittime coincide con la prosperità delle regioni settentrionali. Spina, la Venezia dell'Antichità

Le città costiere e meridionali accusano il duro colpo inferto dalla sconfitta di Cuma. A partire dal 450 i dipinti funerari di Tarquinia divengono sempre più rari e la loro qualità artistica cala paurosamente; a Caere le ricche tombe degli ottimati spariscono o quasi; l'edilizia religiosa è in crisi: per l'Antichità questi sono tutti sintomi di una grave congiuntura economica. Ma il fenomeno più appariscente è un altro: l'importazione dei vasi attici, fiorentissima a Vulci e a Caere nei decenni precedenti, subisce un vero tracollo. Le città etrusche della Padania, come Bologna e Spina, continuano invece a prosperare. Per rendersi conto che il commercio ateniese – pur cambiando sbocchi e obiettivi – non ha abbandonato l'Etruria basta vedere gli splendidi crateri a figure rosse

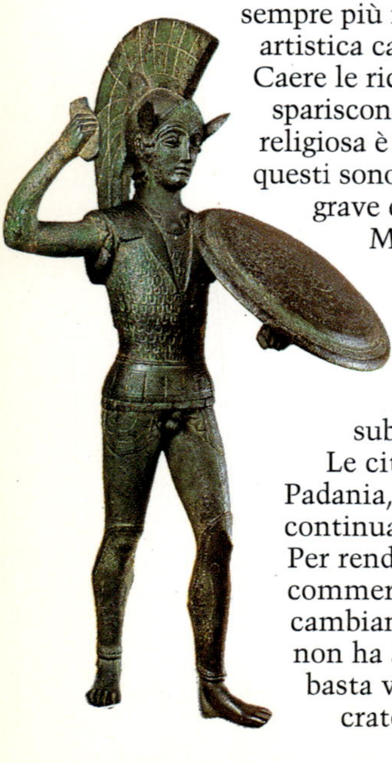

Anche se delle battaglie combattute dagli etruschi ci restano molte testimonianze scritte, non abbiamo un'idea chiara del loro potenziale militare, in quanto le fonti greche e romane tendono a deformare la realtà. Dai dati archeologici sappiamo che gli etruschi, pesantemente armati fin dall'epoca villanoviana (vedi il cinturone in basso a fronte), furono in questo campo tributari dei greci – come dimostra la foggia dell'elmo qui sopra, proveniente da Todi (450 a.C.) – e anche dei loro vicini italici. Avrebbero anche adottato (e trasmesso ai romani) il pesante armamento e perfino la tattica degli opliti (i fanti) greci.

conservati nel museo di Ferrara. Queste eccezionali ceramiche attiche, giunte attraverso l'Adriatico, sono venute alla luce nelle necropoli di Bologna e di Spina, mentre altri reperti, come alcuni bei bronzi di Vulci, erano stati importati dall'Etruria meridionale.

Il primo indizio della ricchezza di Spina – una città solcata di canali, la Venezia dell'Antichità – è però il "tesoro" che essa ha costruito a Delfi; raro privilegio, se si pensa che, fra le altre città etrusche, solo Caere riuscì a ottenerlo. In effetti, benché vi risiedano parecchi greci, come in ogni *emporion* che si rispetti, Spina è un centro etrusco: lo attestano fra l'altro le sue iscrizioni. Proprio da Spina transitano i capolavori della produzione attica poi venduti a Bologna e a Marzabotto.

La statuetta votiva di bronzo della pagina a fronte proviene da Populonia e risale alla prima metà del IV secolo a.C.; rappresenta un guerriero con armatura completa (elmo, corazza, schinieri e scudo rotondo; l'arma da offesa è sparita). Forse è una raffigurazione di Maris (Marte), il dio della guerra.

Marzabotto, la città senza nome

Il Reno, fiume a carattere torrentizio, ha esercitato sull'antica Marzabotto una costante opera di erosione, facendone sparire buona parte. Tuttavia la città etrusca – di cui si è perduto persino il nome – dovette la sua fortuna proprio al corso d'acqua che la bagnava: era infatti uno dei principali guadi che collegavano l'Etruria tirrenica con Bologna.

Marzabotto è il solo, vero esempio di urbanistica ortogonale noto in Etruria. A tutt'oggi non è stata ritrovata la piazza centrale, detta agorà o foro; templi e altari sorgono invece su un'acropoli nettamente separata dall'abitato. È evidente l'influsso dei criteri urbanistici greci, applicati soprattutto nelle città coloniali sicule; tuttavia il rigoroso orientamento nord-sud dell'arteria principale precorre anche la tipologia romana.

Fondata – o piuttosto rifondata dopo una fase preurbana – da coloni provenienti

dall'Etruria settentrionale all'inizio del V secolo, la città sarà abbandonata nel 350 in seguito alle invasioni dei galli. Per l'Etruria il pericolo non viene solo dal sud, dalla Sicilia prima e da Roma poi, ma anche dal Nord. I galli, che, sempre avidi di terre, domineranno per alcuni secoli l'Italia settentrionale, non a caso chiamata Gallia cisalpina, si spingono verso il centro della penisola e, sconfitti i Romani nella sanguinosa battaglia dell'Allia, espugnano Roma (390 a.C.). Anche alcune città etrusche devono subire le loro razzie, con gravi conseguenze politiche ed economiche.

L'ultimo atto: l'Etruria si riduce alle due estremità del suo territorio

Sembra addirittura che i due principali avversari degli etruschi si siano coalizzati ai loro danni: secondo alcune fonti i galli senoni, desiderosi di occupare il Piceno e la media costa adriatica, avrebbero stretto un patto con Dionigi il Vecchio, tiranno di Siracusa, in procinto di fondare le colonie di Ancona e di Adria. Ciò sarebbe accaduto negli stessi anni in cui i siracusani muovevano all'attacco dell'Etruria tirrenica. L'Etruria padana era dunque destinata a fare la stessa fine della Campania.

Altra coincidenza sospetta: nel 396, il giorno stesso in cui i romani si impadronivano di Veio la città etrusca di Melpum (l'odierna Melzo), a due passi da Milano, sarebbe caduta in mano ai galli.

È davvero l'ultimo atto: il rullo compressore romano si è messo inesorabilmente in moto.

Questa antefissa a testa di menade (a sinistra) proviene da Veio. Le opere di Virgilio (ritratto nel mosaico romano della pagina a fronte insieme alle muse ispiratrici della sua poesia) contengono varie allusioni alla storia e alla civiltà etrusca. Il poeta mantovano poté attingere a documenti originali. Infatti, oltre ai libri sacri (*disciplina etrusca*), esisteva una letteratura profana, sfortunatamente oggi perduta: la storiografia delle *Tuscae Historiae*, cui forse attinse Claudio, e la produzione drammatica. Il poeta tragico Volnio, che cita lo scrittore latino Varrone, visse certamente in epoca tarda, ma sappiamo che gli esordi del teatro latino sono – come del resto i giochi del circo – legati agli etruschi. Gli attori professionisti romani si chiamavano, secondo Tito Livio, *histriones*, dall'etrusco *ister*. Nella storia degli spettacoli romani l'influenza etrusca si è fatta sentire un po' dappertutto.

La prima civiltà italica sarà assorbita dalla cittadina appollaiata sui sette colli, che fra qualche secolo si ritroverà alla testa di un impero mediterraneo. Intanto i romani eliminano metodicamente i loro vicini: a sud gli altri popoli latini e i sanniti, a nord gli etruschi. Questa fase di espansione, che si protrarrà per circa centocinquant'anni, conosce tre fasi principali, contrassegnate dal destino di tre grandi città etrusche: Veio, Tarquinia e Volsinii.

Il nome completo di Virgilio è, in latino, Publius Vergilius Maro. Il *cognomen* "Maro" ricorda le tradizioni etrusche di Mantova, città natale del poeta: il termine *maru* si riferiva infatti a un magistrato simile al *quaestor* romano.

Roma contro Veio: il sale e la terra

Le ostilità fra Veio e Roma iniziano in pratica alla nascita della Repubblica romana. A scatenarle è

quasi sicuramente un fattore economico: il controllo delle saline situate alla foce del Tevere. Il cloruro di sodio è stato forse per il mondo antico quello che il petrolio è per il mondo d'oggi: essenziale per gli uomini e per gli animali, serviva anche a conservare gli alimenti. Fu il sale, per esempio, la causa prima della grandezza di Venezia.

Fra le mire dei romani c'era anche il possesso delle terre. Le ostilità, peraltro, cominciarono con una guerra fra clan, nella quale si distinse tragicamente la fiera famiglia dei Fabii. Nel tentativo di estendere i loro possessi a nord di Roma, i Fabii e i loro *clientes* furono decimati sul Cremera, il fiume che bagnava Veio (477 a.C.).

Alla fine del IV secolo a.C. i dipinti della tomba François di Vulci esaltano le imprese dei maggiori personaggi della città, i fratelli Vibenna e il loro compagno Mastarna (cioè il futuro re Servio Tullio). Fra i loro avversari figura Cneve Tarchunies Rumach, cioè uno dei Tarquinii di Roma. Il pittore di questa scena si è ispirato al massacro dei prigionieri troiani compiuto da Achille.

L'assedio finale della città etrusca sarebbe durato dieci anni, dal 406 al 396. Gli storici romani rivestono l'episodio dei colori smaglianti dell'epopea e lo accostano al ben più celebre assedio di Troia. Sta di fatto che i romani confiscano il territorio di Veio per distribuirlo ai loro contadini.

Mostrando molta diplomazia in fatto di religione, "evocano", cioè accolgono, a Roma la dea principale di Veio, Uni, che prende il nome di Juno Regina. La stessa cosa avverrà per Voltumna, il dio protettore della lega etrusca – che assumerà il nome di Vertumnus – e in seguito perfino con alcune divinità cartaginesi. Quest'apertura, questa capacità di assimilazione è tipica del genio romano e sta alla base delle sue fortune.

Le gesta di questi eroi di Vulci assumono un tono epico, ma l'intento di mitizzare gli eroi locali traspare anche in altre raffigurazioni. Appare accertata la reale esistenza di almeno uno dei personaggi effigiati: il nome di Aulo Vibenna è inciso in una coppa di bucchero del VI secolo a.C. ritrovata nel santuario "panetrusco" del Portonaccio, a Veio.

Caere e Tarquinia: fiducia e crudeltà

In questo periodo il cuore di Caere comincia a battere per Roma: quando l'Urbe viene presa dai galli la città etrusca accoglie e protegge le vestali e gli oggetti sacri. I giovani aristocratici romani vanno a studiare a Caere, cui Roma concede in cambio uno *status* giuridico privilegiato.

Verso la metà del IV secolo scoppia fra Roma e Tarquinia un terribile conflitto dove non si contano gli atti di ferocia: nel foro delle due città si svolgono perfino eccidi di massa dei prigionieri. Nel turbinoso gioco delle alleanze intervengono anche umbri, galli e sanniti. Siamo sull'orlo di una sollevazione generale degli etruschi; come testimoniano gli affreschi della tomba François, gran parte dell'aristocrazia è

Questo gruppo bronzeo (due soldati che portano via un commilitone caduto) è il manico di un coperchio di cista. Nella cista venivano conservati i prodotti di bellezza; per il manico bisognava escogitare un soggetto funzionale, come la presa di due lottatori o la figura del ponte eseguita da un acrobata.

irriducibilmente ostile ai romani, identificati nei prigionieri troiani sgozzati da Patroclo, mentre gli etruschi si riconoscono negli eredi dei greci vittoriosi. Ma le rivalità fra le città e i conflitti sociali interni fanno il gioco di Roma, che può continuare a rosicchiare i territori dei suoi grandi rivali.

La bella testa di terracotta dipinta che vediamo a sinistra raffigura un oplita e proviene dal tempio della Mater Matuta di Satricum. In questa città laziale, fondata dai volsci ma fortemente etruschizzata, sono state compiute negli ultimi anni alcune scoperte di notevole importanza storica, fra cui l'epigrafe di Publio Valerio Publicola, uno dei fondatori della Repubblica romana.

Nel 264 non esiste più una città etrusca indipendente

A questo punto i romani non si limitano ad attaccare solo le città etrusche meridionali e della costa. Alla fine del IV secolo le legioni attraversano la foresta del Cimino, presso Viterbo, ritenuta fino a quel momento invalicabile, e penetrano nell'Etruria tiberina interna; nel 302 intervengono ad Arezzo per sostenere quella *gens* dei Cilnii dalla quale discenderà Mecenate; poi attaccano Vulci e Volsinii. Nel 280 viene decretato il trionfo al console Tiberio Coruncanio, vincitore delle due città.

Tra il 265 e il 264 assistiamo all'ultimo atto di questa tragedia, che si svolge sullo sfondo di gravissimi conflitti sociali e politici. Essendosi gli schiavi impadroniti del potere a Volsinii, gli aristocratici, come già quelli di Arezzo, si appellano a Roma, che non manca di approfittarne: la popolazione superstite viene deportata sulle rive del lago di Bolsena, in una posizione difficilmente difendibile. Il Fanum Voltumnae, il santuario della federazione, viene saccheggiato e le statue che lo adornano (duemila, secondo una testimonianza!) finiscono a Roma.

Siamo all'epilogo: Roma è ormai l'unica protagonista; non le resta altro che trasformare tutti questi etruschi in "ottimi romani".

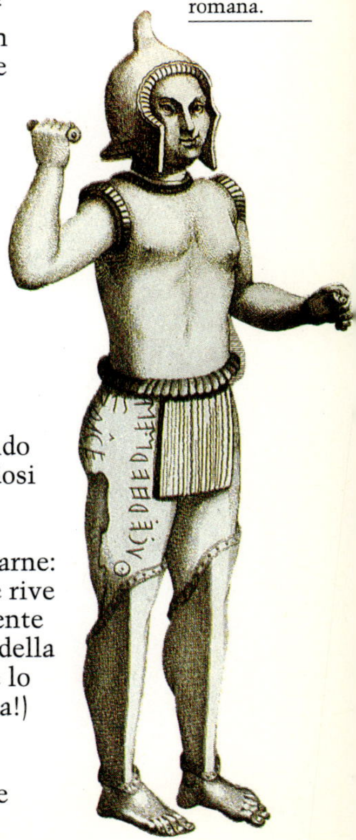

V. LA VITA QUOTIDIANA

Per ovvi motivi politici ed economici, le fonti greche e romane danno degli etruschi una visione parziale e soggettiva: hanno strani costumi, non si sa da dove vengono, sono profondamente religiosi ma anche pirati a tempo perso, sono dissoluti, alle donne concedono una libertà a dir poco scandalosa...
Ma della loro civiltà gli etruschi ci hanno lasciato ben altro ritratto: le scene di vita quotidiana dei loro affreschi non possono certo mentire.

Pur amando le grandi feste, gli etruschi non disdegnavano neppure i giochi semplici, come quello dei dadi.

Gli etruschi erano innanzitutto gente che lavorava: nei campi, nelle officine, nelle miniere, nei porti. Di queste loro attività ci restano numerose tracce: i chilometri e chilometri di cunicoli scavati nel tufo dell'Etruria meridionale testimoniano gli sforzi compiuti dagli ingegneri per conquistare e per conservare i terreni agricoli. Le anfore e gli altri recipienti di ceramica, su cui leggiamo talvolta il nome dell'artefice, ci ricordano che molti contadini erano specializzati nella coltivazione dell'olivo e della vite, e che i vasai possedevano tecniche raffinate. Questi eccellenti artigiani compaiono proprio quando sorgono le città, mentre in precedenza, per esempio nel IX e nell'VIII secolo, a fabbricare le ceramiche erano ancora le donne. Certi magnifici bronzi, lavorati a Vulci ed esportati Oltralpe, ci dicono che forse questi artigiani meritavano già il titolo di artisti.

Il Ponte Sodo, a Veio, uno dei capolavori dell'ingegneria idraulica etrusca.

L'anfora da vino a sinistra risale all'inizio del VI secolo. L'iscrizione dipinta dice: *mi larthialé mélacinasi mulu*, cioè "donata da (o a) Larth Melacina". Sopra, il bronzetto dell'*Aratore* di Arezzo.

Tetti di tegole per i meno abbienti

È quasi impossibile descrivere come e soprattutto dove vivessero le classi medie e inferiori. Per molto tempo della casa etrusca non abbiamo saputo praticamente nulla. Le tombe, sebbene fatte a imitazione delle case dei vivi, non possono fornire risposte esaurienti. Di certo si sa solo che a partire dal VII secolo le abitazioni avevano le fondamenta e i seminterrati di pietra o di ciottoli di fiume, i muri di terra battuta o di mattoni seccati al sole e il tetto di tegole; in precedenza la gente viveva in capanne di legno a pianta ovale o circolare simili a quelle ritrovate sul Palatino. Marzabotto ci ha rivelato la pianta di una città con le strade che si intersecano ad angolo retto: gli etruschi l'adottano verso il 500 a.C., prendendo a modello le colonie della Magna Grecia. Gli isolati erano composti di unità abitative dotate di *atrium* e di *tablinum*, due ambienti tipici della *domus* romana.

I progressi dell'archeologia sono oggi molto rapidi e una serie di vaste campagne di scavo sta investendo i siti urbani; in un primo tempo sono stati sondati alcuni centri secondari dell'Etruria meridionale come San Giovenale e Acquarossa, poi i centri maggiori come Tarquinia e Cerveteri.

In questi ultimi anni gli studiosi stanno

Sopra, un isolato di Marzabotto. Sotto, la pianta di una casa di questa città etrusca. La dimora è incentrata sull'*atrium*, il cui tetto, dotato di una larga apertura (*compluvium*) dava luce alle stanze che lo circondavano e riversava le acque piovane in un'apposita vasca (*impluvium*). I tratteggi indicano il percorso dell'acqua verso il *compluvium*. Questa tipologia sarà ripresa dall'architettura civile romana, che deve moltissimo a quella etrusca; non a caso anche per la fondazione delle città si seguiva il rituale etrusco.

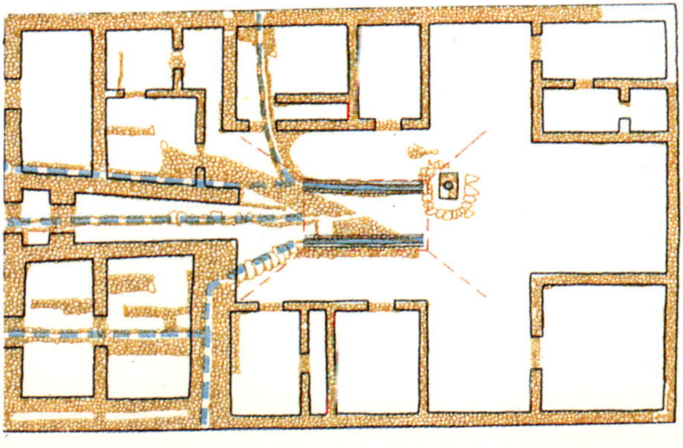

Le colonne col capitello di ordine eolico, le porte con l'arco a tutto sesto, la loggia e i bugnati rustici di questa urna di Chiusi costituiscono la curiosa anticipazione di un palazzo fiorentino del Rinascimento, ma anche – e soprattutto – di una casa signorile di età ellenistica. Molto più antico è il palazzo di Murlo, fondato nel VII secolo (sotto la pianta). Nel VI secolo l'edificio era un quadrato di circa 60 metri di lato; sul cortile si affacciavano tre porticati e un tempietto.

riportando alla luce i resti di un villaggio del VI secolo che sorgeva sulle sponde del lago dell'Accesa, nei pressi di Massa Marittima (in provincia di Livorno), e che doveva ospitare gli ingegneri e gli operai delle vicine miniere di ferro e d'argento. Fra non molto, insomma, sui vari tipi di casa d'abitazione potremo saperne molto di più.

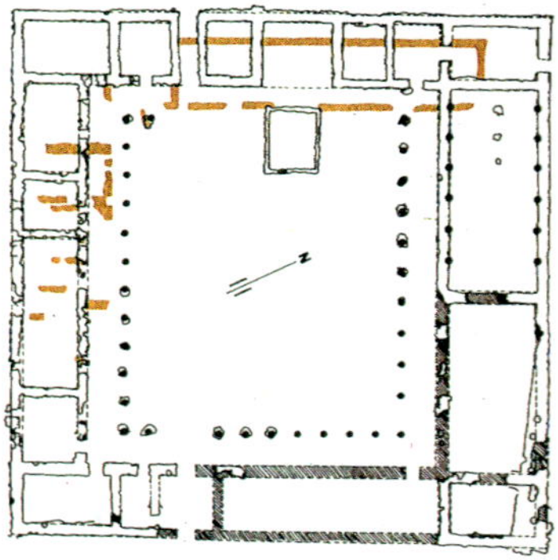

Rilievi di terracotta per i "palazzi"

Nonostante questi indubbi progressi, conosciamo molto meglio i "palazzi". Negli ultimi due decenni gli archeologi americani del Bryn Mawr College hanno scavato una dimora signorile a Poggio Civitate (Murlo), località a circa 25 chilometri a sud di Siena. L'edificio ha avuto una storia molto travagliata: si notano i resti di una costruzione arcaica, poi distrutta e riedificata; il complesso toccò il suo apogeo all'inizio del VI secolo, per essere poi nuovamente distrutto alle soglie del V, con l'ascesa della potenza di Chiusi. Le decorazioni architettoniche in terracotta avevano fatto pensare per un santuario; poi gli scavi di Acquarossa hanno rivelato che fin dal VII secolo anche gli edifici pubblici e perfino le case di abitazione erano ornate di antefisse, di tegole dipinte e di piastre raffiguranti motivi mitologici, come la lotta di Ercole con il

A Murlo sono venute alla luce alcune lastre di terracotta modellata che rivestivano la sommità dei muri di terra battuta. I rilievi raffigurano quattro soggetti: un banchetto, una processione con il carro, una corsa di cavalli montati da acrobati e un consesso di dignitari assisi sulle sedie curuli (a fianco). I cucchiai d'osso (sotto), finemente decorati, erano appannaggio esclusivo delle classi dominanti. A sinistra, i preparativi di un fastoso banchetto (affresco di Orvieto).

leone nemeo. I rilievi di terracotta hanno inoltre il vantaggio di fornirci molte informazioni sull'abbigliamento, sulle pettinature, sugli oggetti d'uso comune e addirittura sui mobili. Fra l'altro i "notabili" sono spesso seduti su uno sgabello pieghevole, l'antenata della celebre *sella curulis* riservata ai più alti magistrati romani: un'ulteriore riprova del fatto che in epoca monarchica gli etruschi trasmisero ai romani quasi tutte le insegne della sovranità. Così consoli e trionfatori, edili e pretori compariranno per secoli davanti al *populus romanus* nel vistoso apparato del potere etrusco: la toga bordata di porpora, la tunica ricamata, lo scettro e i fasci littori.

Il banchetto è il motivo che ricorre più spesso negli

affreschi tombali. Aveva infatti lo scopo, non secondario, di celebrare lo *status* sociale e di magnificare la ricchezza della famiglia titolare della tomba. Si tratta, per la verità, soprattutto di *symposia*, cioè di riunioni in cui ci si limitava quasi esclusivamente a bere il vino, un vero lusso in quell'epoca. È invece piuttosto difficile identificare i cibi consumati dai convitati.

In casi eccezionali, come in alcuni affreschi di Orvieto, possiamo entrare nelle cucine di una casa

La "cucinetta" di bucchero (sotto) era destinata al defunto, bisognoso dei suoi oggetti d'uso quotidiano per le esigenze della vita attenuata dell'aldilà. I festosi convitati della tomba dei Leopardi (sopra) dovevano invece usare stoviglie di metallo, come la fiaschetta di bronzo di Vulci (nella pagina di fronte, in alto). Tutto, qui, è lusso e piacere: la grazia dei servi, la ricchezza dei mantelli variopinti e le coperte di lana "scozzesi".

aristocratica, dove si affaccenda un vero esercito di domestici: qui un macellaio che taglia un bue intero; là un rosticciere prepara piatti e piatti di selvaggina, laggiù i panettieri impastano la farina per farne pani e dolci. Dai reperti archeologici e dagli stucchi dipinti della tomba dei Rilievi a Caere si può ricostruire con una certa precisione la batteria da cucina della casalinga etrusca. Gli affreschi funerari mostrano servizi e anfore da vino, coppe, *canthares* (grandi recipienti biansati per bere) solitamente di ceramica, ma anche di bronzo, dai buccheri del VI secolo ai vasi a vernice nera di età ellenistica.

Dalla "tebenna" alla toga

Parlando della "moda", dalle pettinature agli abiti, bisogna tener conto dell'evoluzione dei tempi. Così l'Apollo di Veio ha ancora le trecce bionde che gli ricadono sulle spalle, mentre verso la fine del VI secolo gli uomini cominciano a portare i capelli corti. Le donne, invece, restano a lungo fedeli a una specie di berretto più o meno conico, il *tutulus*.

Quanto alle calzature, non si può non restare colpiti dall'aspetto esotico dei *calcei repandi*, specie di sandali a punta rialzata che compaiono con grande frequenza nei dipinti e nelle sculture di terracotta dell'epoca arcaica. Gli stivaletti allacciati alla gamba sono destinati invece a un avvenire più brillante: diventeranno infatti la calzatura "ufficiale" dei senatori romani.

Fra i capi di vestiario etruschi – che vanno dal pratico perizoma degli schiavi e degli atleti fino alla veste ricamata di Vel Saties di Vulci – ritorna con grande frequenza un mantello arrotondato che i personaggi di alto rango si gettano sulle spalle,

La pettinatura dei dignitari raffigurati nella lastra di terracotta del palazzo di Murlo (sotto) richiama la parrucca dei magistrati inglesi. L'imponenza dell'acconciatura è direttamente proporzionale al livello sociale: per rendersene conto basta confrontare le teste dei padroni con quelle degli schiavi e dei servitori.

sopra la tunica: si tratta della *tebenna*. Questo indumento, debitamente allungato, si trasformerà nella toga, l'abito civile del *civis romanus*. L'*Arringatore* del Museo Archeologico di Firenze porta ancora la toga corta (*toga exigua*), destinata ad ampliarsi, verso la fine del I secolo a.C., in un semicerchio di quasi due metri di diametro piuttosto ingombrante, tanto che, d'estate, molti romani prenderanno

Le caratteristiche dell'abbigliamento femminile etrusco risaltano in certe scene funerarie (sopra, una processione scolpita su un'urna di alabastro di Volterra) come nelle statuette di divinità muliebri (a sinistra). Sotto: una fibbia bronzea di cinturone con scene di pugilato. In Etruria la boxe era molto praticata. I pugili, con il pugno levato, si affrontano davanti a un tripode (il premio per il vincitore).

"La fama degli auleti etruschi era mondiale: a un filosofo ateniese del III secolo a.C., colpevole di amare troppo il flauto, fu affibbiato il soprannome di *thyrrenos*. I romani, presero prestissimo l'abitudine di far venire dall'Etruria i *subulones* indispensabili alla celebrazione rituale dei sacrifici, che si aprivano con un'aria intonata sul flauto. A Roma erano riuniti in una corporazione tanto gelosa dei propri diritti quanto esclusiva nell'esercizio dell'arte. Una volta scioperarono, ritirandosi a Tivoli, in seguito alla soppressione del tradizionale banchetto offerto loro in Campidoglio."

Jacques Heurgon

l'abitudine di andare al circo o a teatro senza la toga, pratica bollata a più riprese dagli imperatori tradizionalisti.

Una continua colonna sonora

In Etruria la musica dominava a tal punto la vita quotidiana che qualcuno ha scritto: "La cosa più difficile da trovare in una città etrusca era il silenzio". Con la solita maldicenza, certi storici greci non hanno esistato a vedere in questo fenomeno un'altra prova della mollezza (*tryphé*) etrusca, da loro paragonata a quella, proverbiale, dei sibariti. Va detto che anche in Grecia i sacrifici

si svolgevano con un accompagnamento musicale, che le poesie erano messe in musica e che gli auleti (da *aulos*, una specie di flauto) suonavano perfino nelle palestra e allo stadio.

Ma i greci (secondo la testimonianza dello stesso Aristotele) restavano senza parole nel vedere gli etruschi allietare con la musica attività quali la fustigazione degli schiavi, la panificazione e il pugilato. È chiaro che gli *auloi* o le *tibiae* servivano solo a dare il ritmo ai vari gesti, senza peraltro renderli meno faticosi. Il suono che usciva dai due tubi, soprattutto quando erano molto divaricati, era roco quanto bastava a ottenere questo risultato. Le *tibiae* erano usate anche dalle fanfare militari, come del resto i vari tipi di tromba che gli etruschi lasciarono in eredità ai romani: quella lunga e diritta, la *tuba*, e quella ricurva all'estremità e con il padiglione svasato, chiamata dai latini *lituus* come il bastone degli auguri, di forma analoga.

Questa *situla* (secchio) di bronzo della Certosa di Bologna (sotto e in alto) ci presenta una gara musicale. Insieme a elementi etruschi si notano costumi squisitamente locali, come i cappelloni dei musicanti.

Ballerini, attori o pugili?

L'associazione più ricorrente negli affreschi e nei bassorilievi è quella fra musica e danza. Qui il citaredo contrappunta l'auleta, ed è un turbinio incessante di ballerini e di musici maschi e femmine con abiti dai colori cangianti: le pitture e le sculture immortalano l'efficacia rituale della danza. Padroni e servi, dilettanti e professionisti danno prova di agilità, come ammirevoli sono i gesti delle mani delle ballerine.

I lucumoni si facevano un dovere di mantenere una compagnia di artisti particolarmente dotati. Si è già detto dell'aneddoto secondo cui, nel

403 a.C., il re di Veio avrebbe sacrilegamente ritirato i suoi dalle feste del Fanum Voltumnae. Per definire la compagnia del re, Tito Livio usa il termine *artifices*, che accomuna atleti, prestigiatori, ballerini e attori (fra queste ultime due categorie non c'è una netta distinzione).

Molti balli non avevano un tema prestabilito; ma c'erano anche danze eseguite da persone armate e coreografie a tema più o meno mitologico. Su un bassorilievo di pietra rinvenuto a Chiusi si vede perfino una danza "pugilatoria": tre personaggi, guidati da un auleta, avanzano verso sinistra, nel tipico atteggiamento dei pugili con il pugno chiuso levato dietro la testa. Il manufatto rivela la passione degli etruschi per la boxe, e forse il disprezzo dei greci per il "pugilato musicale" si

Davvero disinvolta la danza bacchica raffigurata nella tomba delle Leonesse (in alto a sinistra): la ballerina indossa una tunica di lino di allusiva trasparenza, mentre il suo compagno è addirittura in costume adamitico. Qui sopra, il "Phersu fuggente" della tomba degli Auguri, con tanto di maschera e di barba finta. Pugile ballerino, tiene la destra in posizione di guardia e la sinistra stretta a pugno, pronta a colpire. Non a caso il poeta Jean Cocteau definiva i pugili "ballerini che uccidono".

spiega così: gli autori ellenici credevano – o fingevano di credere – che tutti i pugili etruschi si limitassero a saltellare con grazia e senso del ritmo... Un'altra immagine interessante è quella dei ballerini travestiti da satiri e delle ballerine trasformate in menadi. Il balletto mima evidentemente l'episodio dionisiaco del ratto delle baccanti da parte dei satiri. E tutti questi personaggi travestiti e mascherati rimandano a un altro mondo, quello dell'antico teatro italico.

Nasce in Etruria il grande teatro romano

All'inizio del settimo dei suoi *Ab Urbe condita libri CXLII*, Tito Livio racconta l'origine dei *ludi scaenici* a Roma.

Era il 364 a.C. e sulla Città eterna si era abbattuta l'ennesima epidemia di malaria, malattia endemica nei primi secoli della Repubblica. Per placare l'ira degli dei si pensò di ricorrere a un rito di nuovo genere, a una "superstizione straniera". Venne perciò chiamata dall'Etruria una compagnia di *ludiones*, cioè i ballerini sopra descritti. Livio riconosce che si trattava di gente in gamba, anche se le loro danze non erano accompagnate dal canto e non si ispiravano a un tema preciso.

Il racconto dello storico fa subito pensare ai ballerini etruschi di Tarquinia, raffigurati con la bocca chiusa.

Ecco i modesti esordi del teatro romano, che successivamente avrebbe assunto – come il teatro etrusco, di cui purtroppo non resta nulla – un aspetto più letterario, restando però sostanzialmente un teatro danzato. L'episodio voleva forse esaltare le origini semplici e austere di Roma e accentuare il carattere profondamente religioso di tutti questi giochi.

Dagli etruschi deriva fra l'altro il termine "istrione", destinato in Europa a un'immensa fortuna, e non solo nell'ambito teatrale.

Non tutti gli etruschi erano tanto ricchi da poter celebrare i funerali dei loro congiunti con giochi atletici (gare di lotta) o scenici. Forse le mascherine di terracotta deposte in certe tombe fungevano in qualche modo da palliativo: in tal modo al morto non veniva

negato del tutto il beneficio di questi riti di passaggio.

I giochi sportivi: dall'atletica alla lotta libera

Prima che diventassero di moda le rappresentazioni teatrali a Roma si conoscevano solo i giochi del circo. I *ludi circences* dell'Italia antica consistevano in prove di atletica e in gare ippiche, e avevano anch'essi una forte impronta etrusca.

L'Etruria arcaica prediligeva gli sport violenti, come la lotta libera e il pugilato; quest'ultimo aveva regole particolari. Verso la fine del VI

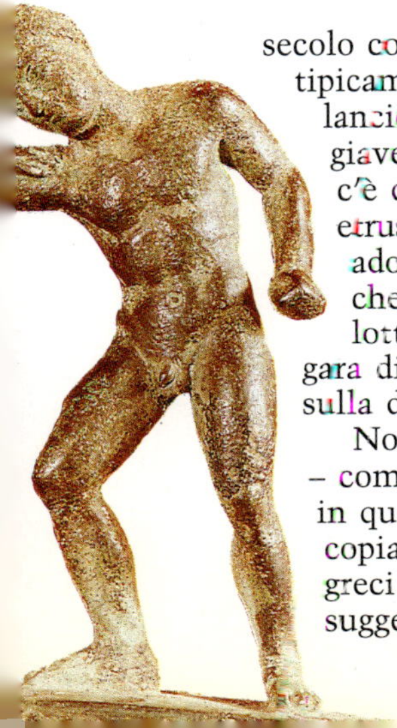

secolo compaiono specialità tipicamente greche come il lancio del disco, il lancio del giavellotto e il salto in lungo; c'è da supporre che gli etruschi abbiano semplicemente adottato il pentathlon greco, che comprendeva anche la lotta e la corsa nello stadio, gara di velocità che si svolgeva sulla distanza di circa 180 metri.

Non si deve tuttavia pensare – come si è fatto talvolta – che in questo campo l'Etruria abbia copiato di sanapianta gli usi greci o imitato il pur suggestivo modello olimpico.

È il momento della premiazione. Dopo le gare i danzatori armati e gli atleti – che usano, come in Grecia, pulirsi dall'impasto d'olio, di terra e di sudore con lo strigile – vanno a ricevere i premi; qui si tratta di otri di vino, posti sotto il palco.
In alto: i giudici, muniti di lunghi bastoni ricurvi, conversano fra loro, mentre uno scriba aggiorna la lista dei vincitori.
A sinistra, una scena di lotta.

Una delle piastre del palazzo di Murlo raffigura una corsa di cavalli montati da acrobati con il mantello al vento. Il primo premio è il calderone poggiato sulla colonna. Siena dista pochi chilometri, e questa scena ricorda irresistibilmente il famoso Palio.

Gli etruschi, per esempio, non hanno mai gareggiato nudi: preoccupati più degli aspetti sportivi e delle esigenze fisiche che del fascino estetico, dotavano gli atleti di cinture che avevano la stessa funzione dei moderni sospensori elastici. Anche le condizioni sociali erano diverse: mentre in Grecia, e in particolare nell'Atene del VI e del V secolo, gareggiavano solo gli efebi della classe dirigente, gli sportivi etruschi erano veri e propri professionisti, di solito schiavi desiderosi di ottenere – come sarebbe poi accaduto a Roma con gli aurighi – la libertà, o quanto meno un miglioramento delle loro condizioni. Per gli etruschi e i romani, insomma, i giochi sono, e resteranno, soprattutto uno spettacolo.

Le corse dei cavalli e le gare delle bighe

Gli etruschi praticarono le corse al galoppo, come mostra una terracotta di Murlo; ma a quanto pare rinunciarono presto a questa specialità, forse perché la ritenevano troppo banale, e idearono gare più acrobatiche: a un certo punto della corsa i cavalieri smontavano dalle loro cavalcature e giungevano al traguardo a piedi, oppure saltavano da un cavallo all'altro a ogni giro di pista; quest'ultimo sport sarà ripreso dai *desultores* romani.

Il *clou* dello spettacolo erano però

le corse dei carri, bighe o trighe (a due o a tre cavalli) che fossero. Gli artisti etruschi prima, i mosaicisti romani poi, raffigureranno con grande vivezza scontri e cadute che spesso dovevano avere esito fatale per i corridori. Fra i romani riscuoteranno grande successo soprattutto le corse delle trighe, sconosciute ai greci. Bastano questi pochi esempi per capire quanto i futuri dominatori del mondo siano stati debitori agli etruschi anche nel campo del divertimento.

Gli spettacoli rusticani all'aperto, vere "sagre paesane"

Dagli scavi archeologici non sono venuti alla luce stadi, circhi o teatri etruschi. Gli spettacoli, infatti, si svolgevano sempre in aperta campagna, per esempio vicino a una necropoli nel caso dei giochi funerari. Ci si accontentava di strutture provvisorie, in particolare di tribune di legno per gli spettatori di riguardo, come mostra un affresco di Tarquinia. La definizione di stadio (o circo) rusticano rende bene l'impressione che si prova nel vedere le immagini di questi festival etruschi. Sembra di essere nel Medioevo, quando si lottava contro le epidemie a colpi di "misteri" recitati sul sagrato delle cattedrali, o, perché no, in qualche paese della Toscana centrale, dove gli spettacoli in piazza e le leggende conservano forse ancora qualcosa di etrusco, nei contenuti come nella lingua. Significativamente l'etruscologo Jacques Heurgon ha scritto che spesso, andando alla ricerca di un etrusco, ci si imbatte in un italiano...

I giochi etruschi sono stati definiti "sagre paesane". In effetti una colonna musicale assordante accompagnava l'esibizione di prestigiatori, di equilibristi e di acrobati. C'erano gare di tiro alla fune, spettacoli comici e alberi della cuccagna. Sopra, una scena da circo – nel senso moderno del termine –: è raffigurata nella tomba degli Acrobati, venuta alla luce pochi anni fa. Un prestigiatore lancia gli anelli, cercando di centrare un candelabro acceso sorretto dalla sua partner.

VI. L'ETRURIA ROMANA

Dopo la tragica sconfitta subita dai romani a Canne per mano dei cartaginesi di Annibale, il console Varrone dice agli alleati italici: "Qui non abbiamo a che fare con i sanniti o con gli etruschi, popoli che, se ci togliessero il potere, lo manterrebbero comunque in Italia...". È vero: pur parlando una lingua "diversa", pur avendo lottato ferocemente contro Roma, gli etruschi sono a tutti gli effetti un popolo italico.

La *Lupa capitolina*, bronzo etrusco del V secolo a.C. (i gemelli furono aggiunti alla fine del Quattrocento da Antonio del Pollaiolo). Fu la vinta Etruria a trasmettere a Roma il mito della sua fondazione.

È difficile presentare il processo di romanizzazione senza un briciolo di partigianeria. Da un lato – se si eccettuano alcuni episodi come la deportazione degli abitanti di Volsinii – i romani si mostrano piuttosto generosi: lasciano la libertà, o quanto meno l'autonomia interna, alle città etrusche; non impongono pesanti tributi, come faranno poi con Cartagine; non cercano di sradicare brutalmente i costumi, la religione e la lingua dei nemici vinti. Dall'altro, però, queste concessioni sono abbastanza formali. Perché, pur non coprendo subito e completamente il territorio etrusco di una fitta rete di colonie – la cui fondazione si accompagna alla confisca dei territori un tempo nemici e alla loro trasformazione in terreno demaniale, *ager publicus* – Roma avanza. Nel 273 la colonia di Cosa, nel territorio di Vulci – nata forse con l'obiettivo, essenzialmente militare, di esercitare la sorveglianza costiera contro le scorrerie cartaginesi – viene popolata con quattromila cittadini romani e laziali. Qualche decennio dopo, sul territorio di Caere, confiscato per metà da Roma, si insediano quattro colonie marittime, una delle quali a Pyrgi. Nel corso del II secolo il fenomeno

Questa testa votiva maschile in terracotta policroma, scoperta nel tempio del Manganello a Cerveteri, risale al IV secolo a.C. Nei depositi votivi si trovano numerose teste, insieme alle immagini di vari organi del corpo umano: il devoto sperava in questo modo di ottenere la guarigione per intervento divino. Sotto: testa di Tinia, lo Zeus etrusco, proveniente da uno dei tanti templi di Orvieto. La "capitale" dell'Etruria fu l'ultima città ad arrendersi allo strapotere romano.

continua: nel 181 una colonia romana è dislocata (*deducta*) a Gravisca, il porto di Tarquinia. Inoltre le città etrusche, ormai *foederatae* (alleate), devono fornire a Roma un certo contingente militare, contribuendo in tal modo ai progetti imperialistici dei loro vincitori e alla propria romanizzazione.

Una politica molto efficace

Questa strategia si traduce in un successo, se è vero che nel corso della seconda guerra punica l'Etruria resta fedele ai romani nonostante Annibale tenti in tutti i modi di convertire alla sua causa la regione, da poco sottomessa all'Urbe. Sappiamo d'altronde che nel 205 le città etrusche contribuiscono fattivamente alla spedizione di Scipione l'Africano sulle coste di Cartagine; dal contributo delle varie città ci si può rendere conto delle loro risorse. La situazione economica appare capovolta rispetto a quella dell'Etruria arcaica: ormai la parte più ricca della regione è quella settentrionale interna. Negli aiuti navali offerti a Scipione si segnalano Perugia, Chiusi e ancora più Arezzo, con metalli, armi, attrezzi agricoli e 120.000 moggi di frumento. Nella stessa circostanza Volterra fornisce legno per le navi.

L'Etruria marittima, pur non essendosi ancora trasformata nella malsana Maremma tante volte descritta nei secoli dai viaggiatori, è in pieno declino: gli scavi più recenti ce la mostrano organizzata in latifondi, in *villae* abitate da schiavi stranieri importati in seguito alle guerre

Dal V secolo a.C. in poi le raffigurazioni di Dioniso (vedi la statuetta a fianco e quella della pagina seguente) ricorrono con grande frequenza in Etruria. Il culto di Fufluns – nome di incerta origine con cui gli etruschi chiamavano Dioniso – era molto antico. Sappiamo d'altra parte che il Dioniso greco era chiamato anche Bacchos, e che tale appellativo trionfò nell'Olimpo latino. Ora, l'equivalente Pacha compare in Etruria nell'età ellenistica, cioè proprio quando il suo culto comincia a rivestire, almeno per i romani, aspetti inquietanti. Le iscrizioni confermano l'importanza delle cerimonie bacchiche. Un grande dignitario di Tarquinia fu pretore della lega etrusca e *marunuch pachanati* ("questore nel luogo di Bacco") e un personaggio di Tuscania rivestì la carica di *maru pachathuras* ("questore dei baccanti").

di conquista. Tiberio Gracco, in viaggio sull'Aurelia nel 137 a.C., ne rimarrà tanto colpito da convincersi a promuovere la grande riforma agraria che ricostituirà quel ceto di *cives* contadini e soldati a cui l'Urbe doveva la propria grandezza.

Con i successi militari dei romani l'Italia del II secolo si arricchisce; le classi dirigenti etrusche ne approfittano e Roma continua ad avvalersene per dominare la regione. E le altre classi? Le fonti, quelle romane, tacciono su questo punto, anche se sappiamo che nel 196 scoppia una grossa rivolta servile. Nel 186 è la volta dei tumulti dei Baccanali, duramente repressi dal Senato: qui l'Etruria assurge a protagonista, ma nella vicenda è difficile distinguere gli aspetti politici da quelli religiosi. Gli scavi francesi effettuati a Bolsena hanno riportato alla luce un notevole complesso sotterraneo destinato ai riti dionisiaci, che ci fornisce preziose notizie sulla diffusione del culto di Dioniso in Etruria alla fine del III secolo e soprattutto all'inizio del II.

Le cento vie della romanizzazione

Anno dopo anno, secolo dopo secolo, la romanizzazione si fa strada. E non in senso metaforico: la costruzione delle strade – citiamo l'Aurelia, la Cassia, la Clodia – è infatti un elemento essenziale della penetrazione militare ed economica romana. Le classi dirigenti locali ottengono a titolo individuale la cittadinanza romana e riassurgono alle cariche che esercitavano ai tempi dell'indipendenza. Nel 130 a. C. Marco Perpenna consegue addirittura il consolato.

Nel I secolo l'Etruria segue ormai le alterne vicende della Repubblica romana. Dopo la "guerra sociale" (91-88 a.C.), vedendo gli italici ribellarsi in

L'iscrizione bilingue di Pesaro, di età augustea, è l'unico documento scritto etrusco-latino che, non limitandosi a riportare il nome del defunto, ne specifica anche l'attività: NETSVIS TRUTNVT FRONTAC, "aruspice e interprete delle folgori". Ma il significato preciso delle parole etrusche rimane controverso, a riprova del fatto che un'iscrizione bilingue non risolve affatto tutti i problemi. FRONTAC, per esempio, è forse un toponimo ("l'uomo di Ferento?). Sappiamo comunque che gli aruspici continuarono a rivestire un ruolo importante anche in epoca romana: durante l'impero un "collegio dei sessanta aruspici" fu costituito prima a Tarquinia, poi a Roma.

massa come due secoli prima, Roma allenta di colpo le briglie e concede, come agli altri popoli italici, il diritto di cittadinanza agli uomini liberi d'Etruria (legge Papiria Plauta).

Nel sanguinoso conflitto che vede fronteggiarsi il democratico Mario e l'aristocratico Silla, gli etruschi si schierano in maggioranza al fianco del primo. Pagheranno duramente: Volterra e Populonia, prese d'assedio, vengono espugnate in un bagno di sangue. Seguendo una politica destinata a ripetersi più volte nei decenni successivi con Cesare e con Augusto, Silla insedia i suoi veterani a Chiusi, ad Arezzo e a Fiesole. Questo fenomeno accelera la fusione fra le due culture. Del resto, nella seconda metà del I secolo quella romana prevale già largamente, al punto che le magistrature di tutte le città etrusche, divenute *municipia*, hanno nomi romani: duumviri, edili eccetera. I tempi degli *zilath* e dei *maru* sono tramontati per sempre; nessuno scrive più in etrusco, e di lì a poco l'aristocrazia etrusca si integrerà in massa nell'ordine senatorio. Orazio non dimenticherà certamente che Mecenate discende dai lucumoni di Arezzo; ma non è un caso che questo capostipite dei protettori delle arti abbia deciso di diventare il braccio destro del primo imperatore di Roma. Da allora la civiltà degli etruschi è patrimonio degli etruscologi e dei cultori del nostro passato.

TESTIMONIANZE E DOCUMENTI

Le fonti antiche

Le sole notizie che abbiamo sugli etruschi provengono dai greci e dai romani, anche se di questi ultimi sono andate perdute le opere di Verrio Flacco e dell'imperatore Claudio. Le testimonianze di Erodoto, Tito Livio e Dionigi di Alicarnasso riguardano le origini della nazione etrusca e i suoi rapporti con Roma.

Tito Livio

Emigrati... a sorte

In questo passo delle sue Storie (I, 94) *lo storico greco Erodoto (484-430 a.C.) espone la tesi dell'origine orientale degli etruschi.*

[...] Sotto il regno di Atis, figlio di Manes [XIII secolo a.C.], tutta la Lidia sarebbe stata afflitta da una grave carestia. Per un certo periodo i lidii continuarono a condurre la vita di prima; poi, continuando la carestia, si misero alla ricerca di un rimedio: chi escogitava una soluzione, chi un'altra. Proprio allora avrebbero inventato giochi come i dadi, gli astragali, la palla e altri ancora, tranne quello della dama, che non si attribuiscono. Ed ecco come impiegavano questi ritrovati contro la fame: un giorno intero lo trascorrevano intenti nel gioco, per distrarsi dal pensiero del cibo; il giorno dopo smettevano di giocare e mangiavano. Per diciott'anni vissero in questo modo. Ma il male, lungi dal cessare, si aggravava sempre più. Allora il re divise il suo popolo in due gruppi: quello estratto a sorte sarebbe rimasto, l'altro avrebbe cercato fortuna altrove. Egli restò alla testa del gruppo destinato a restare, mentre alla testa dei partenti pose suo figlio, chiamato Tirreno. I lidii sorteggiati per emigrare calarono a Smirne, costruirono una flotta, caricarono sulle navi tutti i loro beni e presero il mare, in cerca di un territorio che desse loro da vivere. Dopo aver costeggiato molte terre e visitato molti popoli giunsero nel paese degli umbri e vi costruirono varie città, in cui tuttora abitano. Ma mutarono il nome di lidii in un altro, tratto dal figlio del re che li aveva guidati: prendendo il suo stesso nome, si chiamarono tirreni.

Erodoto

Il cappello di Lucumone

Nei capitoli iniziali del primo libro di Ab urbe condita *Tito Livio (vissuto alla fine del I secolo a.C.) ricostruisce l'avvento della dinastia etrusca a Roma.*

XXXIV. Sotto il regno di Anco [Marcio], Lucumone, uomo intraprendente e di smisurata ricchezza, venne a stabilirsi a Roma, spinto soprattutto dal desiderio e dalla speranza di occupare quel ruolo che non gli era stato permesso di conseguire a Tarquinia, essendo anche là solo uno straniero.

Era figlio di Demarato di Corinto. Suo padre, cacciato dalla patria in seguito a torbidi politici [la rivoluzione di Cipselo contro il governo aristocratico dei bacchiadi] aveva finito con il rifugiarsi a Tarquinia; lì si era sposato e aveva avuto due figli, Lucumone e Arruns [nome etrusco che significa "capo supremo"]. Quest'ultimo premorì al padre, lasciando la moglie incinta; e Demarato, che non gli sopravvisse di molto, ignorando la gravidanza della nuora, non menzionò il nascituro nel testamento e lasciò tutti i suoi beni a Lucumone. Così il bambino diseredato, nato dopo la morte del nonno, fu chiamato Egerio a causa della sua indigenza. Invece Lucumone, erede universale, già insuperbito oltre misura a causa delle proprie ricchezze, salì ancora di stato sposando Tanaquil, donna di alto lignaggio. Questa, però, non poteva sopportare che quel matrimonio sminuisse la dignità della sua nascita. Per lei il disprezzo degli etruschi nei confronti di Lucumone, figlio di un rifugiato, di un esule, era una vergogna intollerabile; perciò, vincendo l'istinto che lega ognuno alla patria, smaniosa di vedere il marito assurgere alle più alte cariche, decise di lasciare Tarquinia. Roma era adattissima ai suoi scopi: in quella nazione di origini recenti si poteva diventare nobili presto e in virtù del solo merito; un uomo coraggioso e intraprendente avrebbe potuto farsi strada. Uno dei re precedenti, [Tito] Tazio, era sabino; i Romani avevano trovato a Curi Numa [Pompilio] per farlo re; Anco era figlio di madre sabina e l'unico ritratto dei suoi antenati era appunto quello di Numa. Tanaquil non fece fatica a convincere quell'ambizioso, per il quale Tarquinia era solo la patria della madre, e con tutti i suoi beni la coppia partì per Roma. Quando giunsero sul Gianicolo, mentre Lucumone stava seduto sul suo carro accanto alla moglie, ecco che un'aquila discese leggera e, planando, gli strappò di testa il cappello; poi, volteggiando sul carro con acute strida, quasi compisse una missione divina glielo rimise destramente in capo; dopodiché si allontanò in volo. A quanto si dice Tanaquil accolse lieta il presagio, poiché possedeva la scienza, diffusa in Etruria, dei prodigi celesti. Abbracciò il marito e lo esortò a concepire grandi e alte speranze in virtù dell'uccello comparso, della regione del cielo da cui quello proveniva, del dio di cui era messaggero. Inoltre il presagio riguardava la sommità del corpo: l'aquila non gli aveva forse tolto l'ornamento dalla testa e lo aveva rimesso al suo posto per ordine di un dio?

Queste erano le idee e le speranze che essi nutrivano entrando in Roma. D'accordo con la moglie, Lucumone comprò una casa e dichiarò di chiamarsi Lucio Tarquinio il Vecchio.

Il nuovo venuto e la sua ricchezza richiamarono l'attenzione; da parte sua lo straniero aiutava la fortuna rendendosi ben accetto a quanti più poteva con l'atteggiamento affabile, con gli inviti a cena e con i favori, a tal punto che la sua reputazione giunse fino alle orecchie del re. Questa buona fama non tardò a trasformarsi, con un'adulazione dignitosa e abile insieme, in stretta amicizia, sì che Tarquinio partecipava a tutti gli affari pubblici e privati, civili e militari. Dopo averlo messo più volte alla prova, il re giunse a nominarlo nel testamento tutore dei suoi figli.

XXXV. Anco regnò ventiquattro anni e fu pari a tutti i suoi predecessori per capacità e per gloria politica e militare. I suoi figli erano ormai adulti; ragione di più per Tarquinio di accelerare quanto poteva i comizi per l'elezione del re. Avvicinandosi il giorno stabilito, allontanò i figli [del re] con il pretesto di una partita di caccia. A quanto si dice, fu il primo a candidarsi al trono e a pronunciare un discorso per conquistarsi i suffragi della plebe. Affermò che la sua candidatura non era senza precedenti; in effetti non era il primo (ciò che avrebbe potuto suscitare diffidenza), bensì il terzo straniero pretendente al trono di Roma. Quando era stato eletto re, Tazio era più di uno straniero, un nemico; Numa non conosceva Roma, non era candidato al trono, e i romani erano andati addirittura a offrirglielo; mentre lui, Tarquinio, non appena era stato in grado di decidere il proprio destino era venuto a stabilirsi a Roma con la moglie e con tutti i suoi beni. Quella parte della vita in cui vanno adempiuti i doveri di cittadino, egli l'aveva trascorsa assai più a Roma che nella sua antica patria; quanto alla politica e alla guerra, un maestro di cui non temeva di fare il nome, il re Anco in persona, gli aveva insegnato le leggi e le istituzioni religiose di Roma. La sua deferenza e la sua sottomissione nei confronti del re non erano state per nulla inferiori a quelle di tutto il popolo, né la sua benevolenza per il popolo si era dimostrata minore di quella dello stesso re. Dicendo così non mentiva e quindi fu eletto a schiacciante maggioranza.

Tito Livio

Il popolo delle torri

Giunto a Roma da Alicarnasso nel 30 a.C., Dionigi rimase per ventidue anni nella capitale dell'Impero, immergendosi nello studio dell'antica storia romana. Nel primo libro delle Storie *confuta sia l'opinione di chi identificava i tirreni (nome greco degli etruschi) con gli antichi pelasgi, sia quella di chi li voleva discendenti dei lidii. Lo storico greco conclude in favore della tesi autoctona: i tirreni, originari della penisola, sarebbero vissuti a fianco dei pelasgi finendo col prenderne il posto.*

I, 27 [...] Dopo che i pelasgi [i primitivi abitanti della penisola] ebbero lasciato la regione, le loro città furono occupate dai popoli che vivevano nelle immediate vicinanze, ma principalmente dai tirreni, che si impadronirono della maggior parte di esse, e delle migliori. Quanto a questi tirreni, alcuni affermano che sono nativi dell'Italia, mentre altri li ritengono stranieri. Coloro che dicono trattarsi di una stirpe autoctona fanno derivare il loro nome dalle fortezze che essi costruirono per primi fra tutti i popoli del paese, poiché le costruzioni coperte racchiuse da mura erano chiamate dai tirreni, come del resto dai greci, *tyrseis*, ovvero "torri". [La forma *thyrrênoi* è la variante attica di *tyrsênoi*, maggioritaria in Grecia]. Così è probabile che siano stati denominati tirreni per questa ragione, come i mossineci in Asia, che vivono su alte palafitte di legno simili a torri, da loro chiamate *mossynes*.

I, 29 [...] Ma a mio parere sbagliano tutti coloro che identificano i tirreni con i pelasgi. Non deve sorprendere il fatto che talvolta vengano chiamati indifferentemente in un modo o nell'altro, poiché la stessa cosa è accaduta a certe altre nazioni sia greche sia barbare, per esempio ai troiani e ai frigi, che vivevano a stretto contatto (così molti hanno pensato che queste due nazioni fossero solo una, e che la diversità fosse nominale e non effettiva). E le nazioni italiche sono state confuse sotto un nome comune con la stessa frequenza di qualsiasi altro popolo. Infatti un tempo i latini, gli umbri, gli ausoni e molti altri erano chiamati tutti "tirreni" dai greci, poiché la lontananza dei paesi abitati da queste nazioni rendeva problematica una esatta distinzione a chi viveva tanto lontano. Molti storici sono arrivati a scambiare perfino Roma per una città tirrena. Perciò sono convinto che queste nazioni cambiarono di nome in ragione del luogo in cui si insediarono, ma non posso credere che entrambe abbiano una comune origine; fra le tante ragioni c'è questa, che le loro lingue sono diverse e non presentano la minima somiglianza.

I, 30 [...] Perciò sono convinto che i pelasgi sono un popolo diverso dai tirreni. E non credo nemmeno che i tirreni fossero coloni lidii poiché non parlano la stessa lingua dei primi, né può essere addotto che, pur non parlando più una lingua simile, conservano tuttavia alcune caratteristiche della loro madrepatria. Infatti non adorano gli stessi dèi dei lidii, non seguono le stesse leggi e istituzioni, anzi proprio sotto questi aspetti differiscono più dai lidii che dai pelasgi. Perciò sono probabilmente più vicini al vero coloro che affermano che la nazione [etrusca] non proviene da nessun luogo, ma che invece è originaria del paese, poiché è certo che si tratta di una nazione molto antica e che non è simile a nessun'altra per lingua e per costumi. Altrimenti i greci non avrebbero avuto nessuna ragione per chiamarli con questo nome, derivato o dalle loro case-torri o dal nome di uno dei loro legislatori. I romani, tuttavia, li chiamano con altri nomi: dalla regione che abitavano un tempo, l'Etruria, li chiamano etruschi, e dalla loro conoscenza delle cerimonie sacre, in cui sono maestri, li chiamano ora, piuttosto impropriamente, tusci, ma un tempo, con la stessa precisione dei greci, li chiamavano thyoscoi. Il nome con cui si autodefiniscono è tuttavia quello di uno dei loro capi, Rasenna.

Dionigi di Alicarnasso

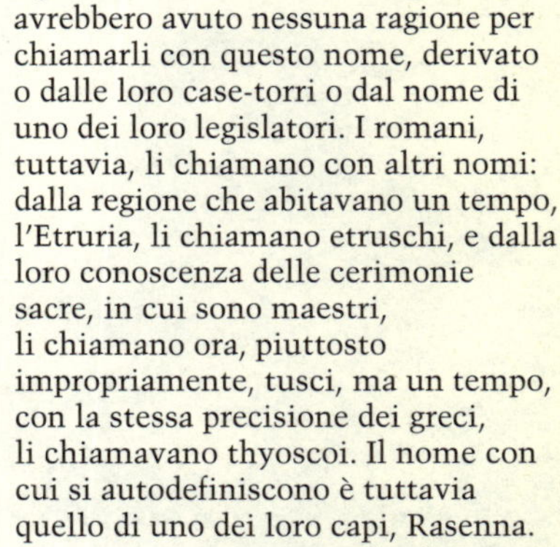

Particolare di una scena di banchetto.

Scrittura e lingua degli etruschi

La lingua etrusca non è più la "grande sconosciuta" di un tempo. Persino della lingua parlata sembra sia rimasto ancora qualcosa nella pronuncia rapida e aspirata dei toscani.

Bucchero con iscrizione proveniente da Vulci (sopra) e cippo di marmo proveniente da Gravisca (pagina a fronte).

La scrittura e la lingua

I primi interrogativi sull'origine della lingua etrusca nascono già nell'Antichità. Secondo la tesi oggi prevalente le pretese origini "orientali" non hanno fondamento.

Dell'etrusco ci restano solo testimonianze scritte. Leggerle è facile: l'alfabeto etrusco [vedi pag. 141] è infatti un alfabeto greco, cumano (il cosiddetto "alfabeto occidentale"), importato in Etruria verso il VII secolo a.C., quando più intensi divennero i rapporti commerciali con Pitecusa (l'isola d'Ischia) e con la stessa Cuma.

Dall'uso corrente di questo alfabeto, però, gli etruschi espunsero i segni che non si adattavano alla loro lingua: la *b* (beta), la *d* (delta) e la *g* dura (gamma) erano sostituite da "p", "t" e "k", mentre l'omicron ("o" breve) e l'omega ("o" lunga) erano espressi con "u". Le sillabe erano spesso separate da due punti di interpunzione (:), forse per un'esigenza didattica; le parole da un punto o da uno spazio.

Di solito le iscrizioni vanno lette in senso contrario al nostro abituale, cioè da destra a sinistra. Abbiamo però non pochi esempi di scrittura da sinistra a destra, e nell'età arcaica è comune l'andamento bustrofedico. Questo termine deriva dall'avverbio greco *boustrophedòn*, che significa "ritornando sui propri passi come i buoi che arano", cioè scrivendo la prima riga da destra a sinistra, la seconda da sinistra a destra, e così via, alternativamente.

La lingua è un organismo vivente e, come tale, destinato fatalmente alla morte. Il decesso può avvenire per vecchiaia o per collasso. Nel primo caso il fattore determinante è di carattere evolutivo: ragioni di ordine economico, sociale e politico, trasformano gradualmente una lingua fino a renderla irriconoscibile rispetto a quella dei suoi primi parlanti. Esempio tipico, il caso del latino e dell'italiano: nel nostro idioma la base lessicale è quasi esclusivamente latina, ma la grammatica e la sintassi hanno subito un mutamento profondo, qualitativo.

Il collasso, invece, avviene per una crisi grave e improvvisa, legata all'"assorbimento" traumatico (conquista) di un'etnia da parte di un altro popolo, di solito più numeroso. In tal caso la lingua della nazione conquistata sparisce in breve volgere di tempo (attenzione: si tratta pur sempre di secoli!), e si limita a lasciare la lingua "vincente" erede di un certo numero di vocaboli. I parlanti del popolo vinto tenderanno in ogni caso ad applicare le regole di pronuncia della loro antica lingua alla nuova, cominciando a "deformarla" (vedi p. 140). Così il processo evolutivo ricomincia...

L'ultimo caso che abbiamo citato è proprio quello dell'etrusco nei confronti del latino. I latini erano un popolo meno numeroso degli etruschi, ma rispetto a questi godevano di un doppio vantaggio. Da un lato possedevano la capacità di espansione politico-militare tipica di ogni "popolo giovane" e una duttilità che li rendeva capaci di assimilare gli usi, i costumi e le istituzioni di popoli diversi; dall'altra la loro lingua non era che uno dei tanti dialetti di un comune ceppo italico (cui appartenevano, ad esempio, gli osco-umbri, i sanniti, eccetera), per cui la penetrazione del latino riusciva facilitata in una vasta area.

Gli etruschi, invece, possedevano un idioma completamente estraneo sia ai dialetti italici che al greco parlato nelle colonie elleniche del Mezzogiorno continentale e della Sicilia. È stata proprio questa peculiarità linguistica a produrre una conseguenza importantissima: l'italiano. Per più secoli, prima che la loro lingua si spegnesse del tutto, gli etruschi furono costretti a imparare il latino. Un latino scolastico, necessariamente più corretto di quello parlato comunemente dai popoli italici di stirpe indoeuropea, che tendevano invece a piegare la lingua di adozione alle loro consuetudini lessicali e di pronuncia. Da questo "buon latino" si è sviluppato l'idioma toscano, base dell'italiano odierno e base di una lingua letteraria che regge ogni confronto per bellezza ed espressività.

C.M.

Decifrare l'etrusco

L'etruscologo francese Jean-Paul Thuillier, autore della prima parte di questo libro, fornisce alcuni esempi di decifrazione della lingua etrusca.

Mancando ogni possibilità di confronto con idiomi similari - di cui supponiamo l'esistenza ma che non hanno lasciato la minima traccia - davvero improbo risulta tradurre il *corpus* a nostra disposizione: oltre diecimila iscrizioni, per un totale di ottomila parole.

A prima vista sembra un materiale imponente, ma non è affatto così. Innanzitutto le iscrizioni sono in stragrande maggioranza brevissime; inoltre hanno carattere funerario o votivo, oppure descrivono rituali o trattati (mancano del tutto quegli "appunti privati", come i conti di casa, che ritroviamo invece nel mondo greco-romano, da Atene a Pompei). Di conseguenza comprendono molti nomi propri (toponimi, di divinità, di fedeli o di defunti) e ripetono formule stereotipe.

Facciamo tre esempi di iscrizione. La prima [vedi illustr. A] è incisa sul piede di una coppa di bucchero scoperta nel santuario di Portonaccio, a Veio (metà del VI secolo a.C.), e conservata a Roma nel museo di Villa Giulia.

Trascrivendola in caratteri latini si ha:

MINE MULUV[AN]ECE AVILE
VIPIIENNAS

che significa con tutta probabilità: "mi ha offerto Avile Vipiiennas", oppure "Avile Vipiiennas mi ha consacrato" [alla divinità]. Il prenome Avile e il nome Vipiiennas identificano il personaggio come Aulus Vibenna, compagno di Mastarna (Servio Tullio), raffigurato negli affreschi della tomba François di Vulci e documentato in varie fonti letterarie ed epigrafiche. Fatta salva l'ipotesi, a priori non trascurabile, di un'omonimia, l'iscrizione confermerebbe dunque l'esistenza storica di questo personaggio. Aggiungiamo che Vipiiennas è forma arcaica per Vipina, o Vipena (donde il latino Vibe[n]na), e che "mine muluv[an]ece" è una formula dedicatoria assai frequente (in latino: *me dedicavit*).

Il secondo esempio [vedi illustr. B] è l'iscrizione parietale dipinta rinvenuta in una tomba della necropoli di Tarquinia (II secolo a.C.); è conservata nel Museo di Tarquinia. Eccone la trascrizione:

FELSNAS:LA:LETHES
SVALCE:AVIL:CVI
MURCE:CAPUE
TLECHE:HANIPALUSCLE

Traduzione: "Larth Felsnas, figlio di Lethe, visse 106 anni [...] Capua [...] Annibale". È facilmente identificabile il nome Felsnas; da notare il segno a forma di "8", con valore fonetico *f* e sconosciuto all'alfabeto greco, e il nome di un personaggio (La[rth]) di cui ci viene specificato anche il

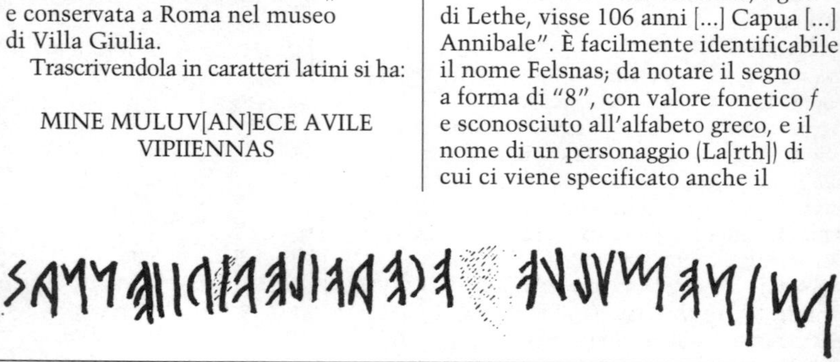

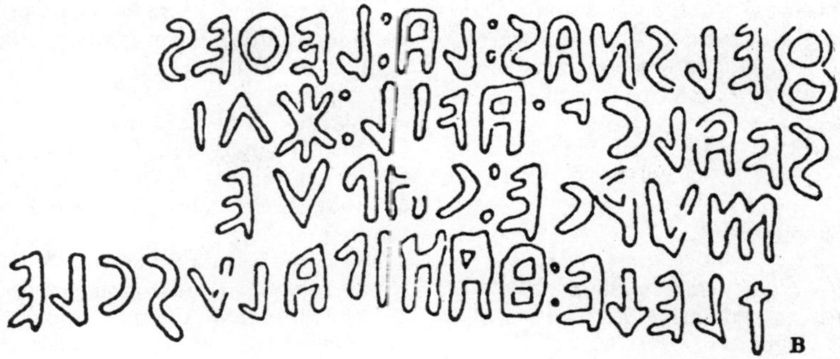

B

patronimico (Lethe, certo indizio di origine servile). La formula seguente ("svalce avil"), ricorre con grande frequenza negli epitaffi; spesso al posto di "svalce" si trova "lupu", entrambi equivalenti del latino *vixit*. Il senso dei due verbi "murce" (attivo) e "tleche" (passivo) è ignoto, mentre riconoscibili sono i nomi di Capua e di Annibale (qui *p* = *b*). Forse l'etrusco Felsnas servì come mercenario nell'esercito di Annibale, cui furono fatali gli "ozi di Capua" (216 a.C); o forse, com'è più probabile, lottò proprio contro Annibale militando in una coorte di Perugia.

Prendiamo ora in esame il piede di una coppa attica (*kylix*) a figure rosse della fine del VI secolo a.C., opera del pittore Oltos, conservata nel Museo di Tarquinia.

La trascrizione dell'epigrafe [vedi illustr. C], letta questa volta da sinistra a destra, dice:

ITUN TURUCE VENEL ATELINAS
TINAS CLINIIARAS

frase che può venir tradotta così: "Questo [oggetto] offrì Venel Atelinas agli dèi Dioscuri". "Turuce" è il perfetto di un verbo in pratica sinonimo di "muluvanece" (con idea di offerta, di dedica; identica la desinenza in *-ce*). Le due ultime parole sono particolarmente interessanti: in effetti, in "Tinas" sono riconoscibili il nome Tin(ia), l'equivalente etrusco di Zeus, o Giove, e il termine "clan" (o "clin"), che significa "figlio". Si tratta dunque dei figli di Zeus, in greco *Dioskouroi*. Va da sé che tali iscrizioni sono preziose per conoscere non solo la lingua ma anche la religione etrusca.

C

La prima parola, "itun", è invece un dimostrativo: "Venel" è un nome di persona, "Atelinas" un nome di famiglia (il suffisso "-na" si trova nella maggior parte dei gentilizi, quali Spurinna, Vibenna, Mastarna, Maecena-s).

Jean-Paul Thuillier

I "grandi testi"

Oltre alle epigrafi su pietra e alle iscrizioni sui vasi, la lingua etrusca può essere letta su tre "libri" di forma e materiali piuttosto insoliti.

I documenti più lunghi e complessi che ci siano pervenuti in lingua etrusca sono:

- il *liber linteus* (fascia di lino utilizzata per avvolgere una mummia) di Zagabria;
- la tegola di Capua;
- le lamine di Pyrgi.

Il primo è iscritto sulle fasce di una mummia egizia che fu trasportata a Zagabria da uno studioso collezionista nella seconda metà del secolo scorso. Srotolando il rivestimento di sottili bande di tessuto, ci si accorse che esse appartenevano a un libro scritto in etrusco. Benché l'opera sia mutila, ne restano pur sempre 1200 parole, che hanno consentito di riconoscere nell'opera un rituale di carattere pubblico: vi si specifica il giorno in cui devono essere compiuti i sacrifici in onore di varie divinità.

Si tratta, insomma, di uno di quei calendari religiosi – piuttosto comuni presso altri popoli come gli umbri e i romani – che ci sono giunti incisi nel bronzo o nella pietra. Il libro era costituito probabilmente da una fascia arrotolata intorno a un bastoncino; ma c'è chi, sulla base della documentazione iconografica, ritiene si trattasse di un vero e proprio volume, le cui pagine, piegate ma non tagliate, dovevano aprirsi a fisarmonica.

Il secondo testo, la cosiddetta "tegola di Capua", è inciso su una lastra di terracotta. Ha anch'esso carattere liturgico, ma allude a riti funerari.

Nel 1964, a Santa Severa (cittadina che sorge sull'antica Pyrgi (in greco "Torri"), il porto di Caere, vennero alla luce tre lamine d'oro: su una era inciso un testo in lingua punica, sulle altre due un testo etrusco. Abbiamo già accennato (vedi p. 43) alle speranze che gli archeologi nutrirono al momento della scoperta, e che non ressero, a un'analisi più attenta. Innanzitutto, se è vero che il testo in lingua punica non presenta problemi insormontabili, nessuno ci dice che l'etrusco ne costituisca la traduzione. Tutt'al più possiamo comparare i nomi propri che figurano nei due testi; e anche qui, quanti interrogativi! Ad esempio, nella lamina punica un personaggio è definito "re delle genti di Caere": ora, sappiamo che in quell'epoca la città non aveva re... Il solo dato certo è che le due versioni parlano dello stesso argomento, cioè di un trattato stipulato fra Caere e Cartagine; i contraenti invocano a testimoni del patto le divinità tutelari di entrambe le nazioni. Sappiamo poi che le cerimonie religiose celebrate a conclusione dell'accordo si svolsero secondo il rito punico.

Per colmo della sfortuna, nella lamina in punico non esiste la traduzione di un solo termine etrusco per noi nuovo.

C.M.

Fantasia di frammenti architettonici etruschi di Giovan Battista Piranesi.

Etrusco e toscano

A lungo, sulla scorta di Erodoto, si è fantasticato di una "radice" orientale, lidia, dell'etrusco; secondo gli studi più recenti si tratterebbe invece di un idioma derivante da strati linguistici arcaici, addirittura preindoeuropei.

Substrato etnico e aspirate toscane

Il testo che segue è tratto da una relazione di T. Bolelli (Il principio del substrato etnico. Tracce dell'etrusco nei dialetti toscani) *presentata al convegno "Biologia medica e origini etrusche" del 1958.*

Fu il grande filologo italiano Graziadio Ascoli a enunciare, nel 1881, il principio di "substrato etnico", fondamentale per l'individuazione di fenomeni che, presenti nelle lingue moderne, appaiono collegati con le lingue parlate un tempo nella loro area attuale. Le varie lingue romanze, ad esempio, presentano particolarità risalenti alle lingue prelatine.

Il principio di "substrato etnico" è stato molto discusso: in effetti certi fenomeni che gli vennero attribuiti nel primo entusiasmo della ricerca hanno trovato col tempo altre e più plausibili spiegazioni.

Un punto, però, è sicuro: quando un popolo cambia lingua, tende a introdurre nel nuovo idioma tendenze fonetiche e abitudini proprie della sua lingua precedente. Così, in una certa area situata ai margini inferiori dell'Italia centrale, i dialetti attuali sono caratterizzati dell'assimilazione della seconda consonante alla prima nei gruppi "nd" ed "mb" (*quanno* per "quando", *ritonno* per "rotondo", *gamma* per "gamba", eccetera). Ora, proprio qui il latino prese il posto dell'osco e dell'umbro, lingue che presentavano questi fenomeni, come si evince dagli antichi documenti epigrafici in nostro possesso (*umen* da *omben*, lat. "unguen"; *upsannam*, lat. "operandam"). Evidentemente, quando queste popolazioni imparararono il latino vi introdussero certi elementi fonetici appartenenti alla loro antica lingua.

Per quanto riguarda le tracce lasciate dall'etrusco nei dialetti italiani, il problema è complesso, perché nel corso dei secoli il territorio etrusco variò notevolmente.

Dall'Etruria propriamente detta (corrispondente, più o meno, alla Toscana attuale) gli etruschi si estesero a nord verso la pianura Padana e le Alpi, e a sud in direzione di Roma e oltre. Tuttavia l'Etruria fu senza dubbio il territorio in cui la popolazione etrusca offrì la maggiore resistenza sia prima sia dopo l'invasione romana.

I vernacoli della Toscana moderna sono più vicini al latino di tutte le altre lingue parlate negli altri territori romanzi. Questa fedeltà al latino deve essere attribuita alla forte influenza del substrato etrusco, le cui caratteristiche, essendo radicalmente diverse da quelle del latino, non dettero origine a nessuna commistione, ma provocarono soltanto un mutamento radicale della lingua. Si tratta, insomma, dell'ennesima verifica del principio secondo cui quando due lingue si incontrano la loro reciproca influenza è direttamente proporzionale alla loro similarità.

In tutti i vernacoli toscani esiste però una rilevante caratteristica: l'aspirazione della consonante implosiva sorda intervocalica *k*. In una vasta area comprendente Prato, Firenze, San Miniato, Certaldo, Monteriggioni e Castelnuovo Berardenga a ovest, Montevarchi, Reggello e Pontassieve a est, fino a Figline e San Giovanni Valdarno, l'aspirazione si estende alla *t* e alla *p* intervocaliche: non solo, quindi, si

ALFABETO ETRUSCO E RELATIVA TRASCRIZIONE

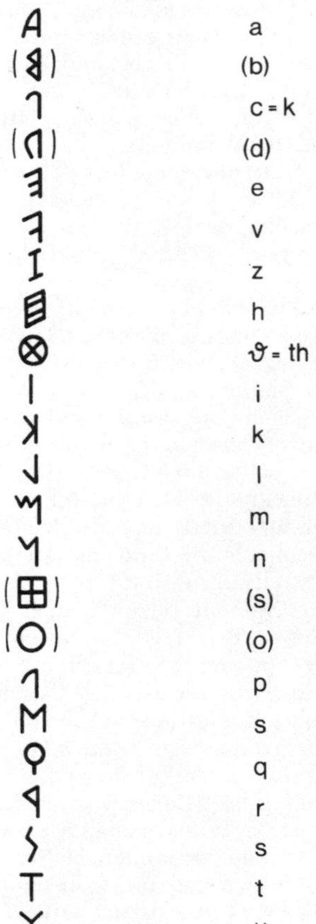

Motivi orientalizzanti (pagina a fronte).

dice *la hasa*, *la honca*, eccetera, ma anche *staho* ("stato"), *Praho* ("Prato"), *topho* ("topo"), *scopha* ("scopa"). Nel gruppo occidentale dei dialetti toscani il fenomeno è limitato alla *k*, che però, invece di venire aspirata, scompare: abbiamo, ad esempio, *vïolo* ("vicolo"), *amìo* ("amico"), *fìo* ("fico"). Questo fatto ha causato alcuni buffi ipercorrettismi, come *bugica* ("bugìa"), *camèlica* ("camelia"), *cìprica* ("cipria"), *Vicareggio* ("Viareggio"), *pagare il fico* ("pagare il fio").

Questo fenomeno di aspirazione è stato attribuito all'etrusco. Gli argomenti a favore furono esposti in modo esauriente da Clemente Merlo (1927), anche se i primi linguisti a riferire le consonanti aspirate toscane all'etrusco furono Nissen (1883) e Schuchardt (1884). L'ipotesi, al contrario, sembrò improbabile proprio ad Ascoli, che era stato l'antesignano degli studi sul substrato.

Altri eminenti linguisti, quali il Meillet e il Bréal (1907), accolsero favorevolmente l'ipotesi dell'origine etrusca dell'*h* toscana. Così il Meillet riassunse la questione nel suo *Esquisse d'une histoire de la langue latine* (*Lineamenti di storia della lingua latina*, 1928): in Toscana le consonanti occlusive quali *p*, *t*, *k* e *b*, *d*, *g* hanno una pronuncia diversa: questo fatto è stato messo da tempo in relazione con le particolarità di pronuncia rivelate dallo studio dei testi etruschi, e di recente il professor Merlo ha confermato tale ipotesi determinando con precisione l'area di questi fatti, che corrisponde quasi esattamente all'antico territorio etrusco.

L'accoglimento della teoria in un libro tanto prestigioso parve rappresentare la sua consacrazione definitiva. In seguito sorsero tuttavia vari dubbi, espressi da Rohlfs (1930) e da Hall (1949). Quest'ultimo giunse a dire: "L'esatto valore fonetico dei simboli etruschi è ignoto, come è ignota la natura del contrasto fonetico fra le due serie p t k e (phi, theta, chi) in etrusco. In questo caso possiamo soltanto dire: *non liquet*, non è provato".

Si tratta di un estremismo inaccettabile: se nella fonetica etrusca c'è un fatto accertato, questo è proprio la tendenza all'aspirazione delle implosive sorde, riassunta così da Massimo Pallottino (1936):

c dura> (chi) > *h*
t> (tetha) > *h*
p> (phi)> *f (h)*

È innegabile che nell'etrusco il fenomeno dell'aspirazione compare in condizioni diverse rispetto al toscano: ci sono consonanti aspirate sia all'inizio che in mezzo alle parole, ma la loro posizione intervocalica non appare essenziale come nel toscano. Tuttavia la presenza di consonanti aspirate nell'etrusco è ampiamente documentata e lascia supporre anche la tendenza all'aspirazione delle implosive.

Va inoltre notato che non esiste una corrispondenza perfetta fra il fenomeno e l'area etrusca. Una parte dell'Etruria meridionale (la sola oltre l'Ombrone, comprendente il Monte Amiata), la zona di Montepulciano, la Val di Chiana e le campagne di Arezzo e di Siena non hanno aspirazione. Ma per l'appunto proprio queste furono le prime porzioni del territorio etrusco a cadere sotto l'influenza romana. L'Amiata sorge sul confine linguistico fra il toscano e i dialetti umbro-marchigiani, e anche i dialetti della Val di Chiana, di Arezzo e della zona di Montepulciano hanno un substrato umbro e celtico (derivato dai senoni). Anche il casentinese ha matrici più umbre che fiorentine. Nell'estremo lembo nordoccidentale della Toscana, che si incunea nell'area con substrato ligure, il fenomeno diviene sempre più sporadico. A Viareggio si dice indifferentemente "amico" e *amìo*, "domenica" e *domenia*, mentre appena più a nord, a Camaiore, si oscilla fra *k* e *h*.

Rimane un'obiezione più seria di tutte: le prove di aspirazione nella grafia del toscano sono molto tarde (la prima, il *Polito* di Bernardo Tolomei, risale al 1525). Ma nel 1535 l'erudito Di Falco, parlando della pronuncia della *c* intervocalica toscana, l'assimilava "al suono che gli ebrei chiamano *he*". Ora, è davvero difficile supporre che un fenomeno così diffuso e imponente avesse cominciato a manifestarsi proprio in quegli anni.

T. Bolelli

Urna cineraria rinvenuta nell'ipogeo dei Volumni di Perugia.

Etruschi al microscopio

I resti umani, anche se molto antichi, consentono agli studiosi di compiere una serie di indagini che integrano la ricerca degli archeologi e degli storici, fornendo dati preziosi sulle caratteristiche bioantropologiche di popoli ormai scomparsi.

Ritrovamenti in una tomba a inumazione.

I segreti racchiusi nel DNA

Per giungere a risultati più tangibili biologia, filologia e archeologia devono unire i loro sforzi e cercare di operare con metodi scientifici e razionali: solo in questo modo il passato remoto dell'uomo potrà svelarsi in tutta la sua ricchezza.

I resti da incinerazione – cioè da cremazione del cadavere – sono i meno utili. In questo caso le ossa, ridotte in frammenti, non possono venir misurate, e soprattutto non possono essere sottoposte alle analisi, assai più sofisticate, di cui parleremo in seguito.

Anch'esse, comunque, ci dicono qualcosa: pesandole si riesce a risalire, con buona approssimazione, alla struttura dello scheletro originario e a redigere, ad esempio, una statistica che ci illumina sulla maggiore o minore differenza fra i due sessi (ricordiamo tra l'altro che i canopi maschili sono diversi da quelli femminili).

Assai più interessanti i resti da inumazione, che consentono l'indagine antropometrica: possiamo così stabilire l'altezza dell'individuo, la sua morfologia, l'età in cui, più o meno, è avvenuto il decesso, la presenza di certe affezioni (che vanno dalla carie dentaria all'anemia mediterranea, dal cancro alla malattia reumatica) ecc. Per giungere a una statistica davvero significativa, bisogna però che si verifichino due condizioni: a) dobbiamo essere assolutamente certi della provenienza dei reperti; b) dobbiamo poter disporre di un numero sufficientemente vasto di campioni.

Gli scavi archeologici di tipo tradizionale – quelli effettuati, tanto per intenderci, fino a una trentina di anni fa – hanno prodotto, da questo punto di vista, danni immensi. Innanzitutto gli studiosi, convinti che un frammento di ceramica, una statuetta o le fondamenta di un edificio "parlassero" molto di più dei resti umani, li trascuravano sistematicamente. Fino a pochi decenni or sono, catalogando un'urna cineraria, solo pochissimi inventari specificavano se era piena o vuota. I resti da inumazione andavano di regola perduti: quasi sempre si salvavano soltanto i crani. Ma anche di questi raramente si specificavano le precise condizioni di ritrovamento. Tanto per fare un esempio, dei dodici crani conservati al British Museum come etruschi, solo cinque o sei vantano "credenziali" sicure. Inoltre era invalso – a fini di malintesa conservazione – l'uso di paraffinarli o addirittura di trattarli con una vernice a smalto: con il risultato di renderli pressoché inutilizzabili per certe analisi, quali la determinazione del gruppo sanguigno. I reagenti usati a questo scopo, infatti, sono sensibili non solo alle specifiche sostanze del gruppo sanguigno, ma anche a qualsiasi altro materiale presente nell'osso.

Oggi, invece, gli scheletri vengono debitamente conservati (a una temperatura inferiore ai 20 gradi) e si presta particolare attenzione alle ossa lunghe, in primo luogo i femori, in cui si annida la maggiore quantità di cellule emopoietiche (quelle cioè che producono i globuli rossi del sangue). Se integri, questi reperti ci forniscono prezioso materiale per le analisi.

Negli ultimi anni la ricerca si è indirizzata sull'esame del DNA. Questo tipo di indagine presenta enormi vantaggi: in primo luogo consente di partire da una minima quantità di materiale (rispetto ai vari grammi necessari per la determinazione del gruppo sanguigno); inoltre permette di ricostruire l'intera "mappa genetica" dell'individuo.

Siamo, però, ancora agli esordi. "Leggendo" nel DNA di persone originarie della Toscana meridionale è possibile distinguere caratteristiche particolari non riscontrabili in altre popolazioni italiane, anzi sicuramente indice di provenienza straniera. Sarebbe la prova genetica dell'origine non italica della popolazione etrusca, prova che ancor oggi resiste nel sangue di individui alle soglie del 2000. Studiare i dati genetici delle popolazioni moderne per sapere "chi erano i nostri antenati": a dirlo è il prof. Luigi Cavalli Sforza, dell'Università di Stanford.

Nel 1991 il professor Alberto Piazza, genetista dell'Università di Torino, ha intrapreso una ricerca *in vivo* sugli abitanti di Murlo, un paese a sud di Siena il cui isolamento garantisce, almeno in linea di principio, la "pura" discendenza etrusca dei suoi duemila abitanti. Cinquanta famiglie sono state sottoposte a prelievo; una volta pronta, la loro mappa genetica sarà confrontata con quella degli abitanti di altre province. Piazza – che ha effettuato analoghi esami sulla popolazione di Trino Vercellese, riscontrandovi un patrimonio genetico di origine celto-ligure – si dice convinto che le diversità culturali e linguistiche presenti nella penisola siano identificabili anche nel DNA, e si propone di creare una vera e propria "banca genetica" delle popolazioni italiane.

C.M.

Sangue, lingua e archeologia

Il simposio "Biologia medica e origini etrusche" del 1958 fu il primo vero momento di convergenza fra biologi, medici e genetisti da una parte, e storici, archeologi e linguisti dall'altra. All'intervento di G. Morganti, del Centro di studi di genetica umana di Milano, seguì una animata discussione sulla distribuzione dei gruppi sanguigni in Italia.

Bolelli. Confesso che avevo molti dubbi e che ero uno dei più scettici fra i presenti, ma sono rimasto davvero impressionato dalla distribuzione del gene A [vedi cartina]. All'ingrosso corrisponde in alcuni punti alla distribuzone dei dialetti; per esempio, abbiamo notato certe differenze che abbiamo attribuito al substrato etnico, come nel caso dell'aspirazione toscana. Un punto fondamentale dello studio del substrato è il problema dei liguri. In questo territorio, come anche in alcune località del sud della Provenza, un importante fatto fonetico è la palatalizzazione della *r*. Questo fenomeno si riscontra soltanto nell'area che va da La Spezia al confine francese e si addentra in alcune zone della Provenza. I dati storici ci dicono che i liguri si erano distribuiti in una vasta area, ma in queste zone devono essere rimasti per molto tempo. La situazione linguistica è straordinariamente simile a quella mostrata dalla mappa del dottor Morganti, ad esempio in Sardegna, dove esiste una considerevole differenza fra i dialetti del nord e quelli del sud; e anche qui abbiamo una distribuzione diversa.

Un altro punto importante emerge se disegnamo una mappa liguistica, considerando, ad esempio, il substrato etnico celtico, fenomeno comunissimo nel francese: la lettera latina *á* diventa *é*. Un altro fatto sorprendente è questo: a sud dell'Italia centrale, inclusa Roma e il Sud, troviamo un'area compatta in cui il gruppo *mb* è pronunciato *mm* e *nd* diventa *nn*. In certi punti ciò non accade. Ora, trovo almeno qualche elemento positivo di corrispondenza con la distribuzione dei gruppi sanguigni. Con ciò continuo a ritenere che i gruppi linguistici siano assolutamente indipendenti da fattori razziali, genetici e antropologici, perché, se a un certo stadio si prendono popoli completamente diversi e si fa loro imparare esattamente la stessa lingua, parleranno nello stesso modo. Basta considerare come si è sviluppato l'inglese. Per esempio, nello sviluppo del latino si può vedere che la lingua è virtualmente indipendente da fattori biologici e razziali.

Morganti. È davvero interessante che lei estenda questa analogia al sud della Provenza. Penso che ciò corrisponda alla distribuzione del gene A, ma non sarebbe possibile vedere il gene A in una mappa disegnata su questa scala; ma indica le aree particolari che dovrebbero essere studiate più in dettaglio, ad esempio sulle linee di confine dell'Italia meridionale.

Mourant. Visto che abbiamo toccato la questione dei liguri, dirò che sono rimasto impressionato dal fatto che, nella mappa Rh, la più alta frequenza dell'Rh negativo è in Liguria; l'altra parte d'Europa in cui si riscontra una frequenza analoga dell'Rh negativo sono i Paesi Baschi.

C'è qualche legame fra i due casi?

Oakley. La lingua dei liguri è indoeuropea o no?

Bolelli. I liguri sono un bel problema. Abbiamo pochi dati a disposizione; comunque possiamo individuare un gruppo di lingua preindoeuropea e un gruppo di "indoeuropeizzati". In altri termini, dai dati disponibili possiamo distinguere due diversi dialetti, un ligure preindoeuropeo e un ligure indoeuropeizzato.

Ceppellini. Per quanto riguarda il rapporto fra biologia e linguistica, va tenuto nel debito conto il fatto che abbiamo a che vedere con due tipi diversi di eredità: quella biologica e quella culturale. Ovviamente i due tipi di osservazione sono indipendenti l'uno dall'altro, nel senso che una certa lingua, per esempio, non implica necessariamente l'esistenza di particolari caratteristiche biologiche (come una certa struttura delle corde vocali); ma, d'altra parte, questi fatti sono correlati, forse solo in modo indiretto, e le loro interrelazioni dovrebbero essere studiate con cura.

Bloch. Le interrelazioni fra fattori biologici e fattori linguistici possono attenere solo alla fonetica e sono sempre assai dubbie. In casi sporadici alcune caratteristiche anatomiche possono influenzare il modo di parlare, ma non la struttura della lingua. Credo che il professor Bolelli sia d'accordo su questo punto.

Bolelli. Quando ci riferiamo al substrato alludiamo sempre all'aspetto fonetico.

Ceppellini. Non vogliamo necessariamente dire che ci sia un rapporto di carattere fisiologico, ma sappiamo che un qualche tipo di relazione c'è comunque. [...]

Al termine della discussione fu approvata la seguente risoluzione:

"I membri del Simposio, ricercatori di varie nazionalità e discipline, consci del valore degli studi sulla frequenza di distribuzione dei gruppi sanguigni per la conoscenza di importanti punti comuni fra i diversi gruppi etnici – fin qui non investigati a sufficienza – indirizza una risoluzione al Comitato italiano per lo studio dei gruppi sanguigni, costituito sotto la presidenza dell'Alto commissario per l'igiene e la sanità, proponendo l'avvio di una specifica ricerca sulla popolazione dell'Etruria e delle aree circostanti, riconosciute di grande interesse sia per le discipline biologiche che per quelle storico-archeologiche.

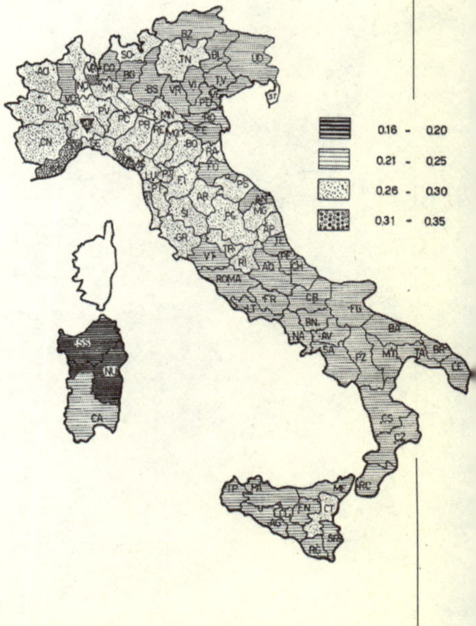

Distribuzione del gruppo sanguigno A in Italia.

Il frontone di Talamone

Il ritrovamento e la ricostruzione del frontone di Talamone costituiscono uno dei capitoli più avvincenti dell'archeologia etrusca.

Il carro di Adrasto: particolare del frontone.

Gli esempi di scultura fittile in nostro possesso sono molto frammentari e non ci consentono di ricostruire con sufficiente precisione il contesto da cui provengono. Si sa, ad esempio, che l'Apollo di Veio, attribuito al grande artista Vulca, decorava il frontone di un tempio; ma dagli altri materiali scoperti *in situ* possiamo tutt'al più supporre che il santuario fosse dedicato a Minerva.

Nel caso del frontone di Talamone, invece, i reperti furono di tale entità da permettere una ricostruzione attendibile del frontone. Seguiamo dunque per sommi capi la storia affascinante del suo ritrovamento e del restauro che ne è seguito.

A Talamone – pochi chilometri a nord del promontorio dell'Argentario – esisteva una vecchia fortezza. Qui, come racconta il Bandi nei suoi *Mille*, Garibaldi, in viaggio per la Sicilia, sostò con le sue navi, ricevendo dalla guarnigione una certa provvista di armi. Nel 1892, però, il governo italiano decise di costruire un nuovo forte sul colle del Talamonaccio e, nel corso degli scavi, vennero alla luce i resti di un tempio etrusco distrutto evidentemente da un incendio.

Purtroppo, quando il professor Milani – lo studioso fondatore del Museo archeologico di Firenze – si occupò del fatto, era troppo tardi per poter rilevare la planimetria del santuario e per individuare il sito esatto in cui erano stati ritrovati i resti: i lavori erano andati avanti e l'area di scavo colmata. Dovette dunque accontentarsi di far trasportare i reperti a Firenze, nell'intento di ricostruire la composizione originale.

E qui il grande studioso cadde in un errore piuttosto comune in un'epoca, come la sua, in cui le testimonianze storiografiche e letterarie venivano assunte meno come termine di confronto e di verifica che come punto di partenza per l'indagine archeologica. Si sapeva che nel 225 a.C. due re galli, alla testa di un numeroso esercito, erano stati sconfitti dai romani a Talamone, e che quella battaglia aveva determinato la definitiva rinuncia dei galli a invadere il suolo italico (all'epoca limitato a nord al Rubicone). Milani pensò dunque che il frontone alludesse a quell'episodio, perché molti frammenti sembravano scene di guerra: ricostruì allora il puzzle in questo senso. Restava un "ma": l'unica figura chiaramente riconoscibile raffigurava il cieco Edipo, nell'atto di levare le braccia in segno di disperazione. Probabilmente, si disse lo studioso, la scultura si trovava all'interno del tempio: e procedette a montare il frontone secondo la sua teoria. Per figura centrale – che, come nei frontoni dei templi greci, serve a unire le due ali della composizione – scelse un genio alato.

Ma quale significato attribuire a Edipo? Qui Milani si arrampicò davvero sugli specchi: l'eroe greco, noto per il suo tragico destino, avrebbe avuto la funzione di ammonire i due partiti – i democratici di Mario e gli aristocratici di Silla – che sconvolgevano allora la penisola in una sanguinosa guerra civile. Datò quindi il fregio al decennio 90-80 a.C.

Il frontone rimase nel Museo archeologico fiorentino così come era stato montato da Milani nel 1921. Nel 1956, però, una missione archeologica tedesca, guidata dal professor von Vacano, riportò alla luce le fondamenta del tempio. Gli studiosi notarono che la facciata era più larga del frontone del Museo Archeologico (m 7 x 2): di conseguenza le statue esistenti andavano risistemate in modo da riempire il grande triangolo (m 12 x 4 di altezza massima). Dagli scavi emersero inoltre altri frammenti.

Il 4 novembre 1966 la piena dell'Arno, irrompendo nelle sale del museo, sommerse il frontone. Il restauro che ne seguì rappresentò l'occasione ideale di un definitivo rimontaggio, che avvenne sotto la guida dello stesso von Vacano e della studiosa tedesca Bettina von Feytag. I lavori, terminati nel 1981, hanno restituito l'opera all'ammirata curiosità dei visitatori (1982).

La datazione è riferita oggi, con poche possibilità di errore, a circa la metà del II secolo a.C. Le lastre di terracotta, originariamente dipinte, erano state modellate, cotte e montate una per una sulla sommità del santuario.

E il tema rappresentato? Si tratta dell'atto finale della vicenda dei Sette contro Tebe, il celeberrimo mito della mitologia greca che dette origine alle tragedie *I Sette contro Tebe* di Eschilo e alle *Fenicie* di Euripide. Al centro, il cieco Edipo assiste inorridito alla lotta fratricida che vede opposti i suoi due figli, Eteocle e Polinice, il primo in qualità di difensore di Tebe, il secondo alla guida degli eroi giunti da Argo per conquistare la città (Adrasto, Tideo, Ippomedonte, Partenopeo, Capaneo e Anfiarao). Il massacro con cui si conclude il mito (l'ultimo esito del fato di Edipo stesso) rappresenta sul piano simbolico un richiamo contro la *hybris*, termine con cui i Greci definivano il tentativo da parte dell'uomo di trascendere, nel bene o nel male, i propri limiti.

C.M.

Capolavori dell'Italia etrusca

Canopi, specchi e antefisse: con le materie prime di cui è ricca l'Italia centrale (argilla, ferro, stagno, rame, tufo e marmo) gli etruschi crearono capolavori di grande bellezza ed espressività.

Un canopo del VII secolo a.C. proveniente da Sarteano (sotto) e un canopo di terracotta con figura femminile (a fianco).

I canopi, una specialità di Chiusi

Il canopo costituisce la sommità del vaso cinerario e possiede una doppia funzione.

Negli esemplari più antichi, risalenti all'Età del ferro (IX-VIII secolo a.C.) il cinerario non era nient'altro che una ciotola, coperta da un elmo (o da un piatto, cui talvolta veniva applicata una maschera mortuaria di bronzo); in una seconda fase – cui appartengono alcuni esemplari della fine dell'VIII secolo, venuti alla luce nel territorio di Vulci – abbiamo coperchi a calotta o "a tappo di champagne", che recano impressi in modo sommario i lineamenti del morto. Qui il ritratto è sempre sulla parte anteriore del coperchio, mentre la parte posteriore è liscia. Infine compaiono i canopi propriamente detti, che hanno la testa modellata a tutto tondo. Con il tempo la raffigurazione dei volti, dapprima

fortemente stilizzata, diviene più naturalistica, e insieme ispirata a una bellezza ideale dettata senza dubbio da un modello esterno.

Spesso l'antropomorfizzazione non investe soltanto il coperchio ma l'intera urna: così, accanto a recipienti di forma ovoidale, con il collo cilindrico e le anse a orecchia, troviamo esemplari forniti di braccia piegate sul petto, effigiate in bassorilievo o a tutto tondo e addirittura mobili. Nei canopi femminili, che portano non di rado orecchini di bronzo o di metallo prezioso, vengono indicati i seni.

Questa classificazione di carattere generale non deve però indurre a credere che la tipologia dei canopi sia omogenea epoca per epoca. Vero è che negli esemplari più recenti – probabili opere di manifatture "specializzate" – troviamo in genere non pochi elementi comuni, quali la classica capigliatura spartita in treccioline; ma, soprattutto nei più antichi, manca una tendenza espressiva unitaria.

Abbiamo già accennato prima a ritrovamenti effettuati nell'area di Vulci; dobbiamo però specificare che la produzione del canopo si restringe abbastanza presto al territorio di Chiusi. In Etruria, infatti, il rito dell'incinerazione sopravvive soprattutto presso le popolazioni rurali. Nel VII secolo la cultura urbana orientaleggiante si diffonde prepotentemente fra gli abitanti dei territori più vicini alla costa, mentre si introduce con maggiore lentezza nelle aree più interne, come quella di Chiusi. Così, mentre altrove i nobili defunti cominciano a venire inumati all'interno di tombe a camera gentilizie dagli sfarzosi corredi, Chiusi conserva anche per l'inumazione l'uso della tomba individuale, relativamente povera. Quando poi, verso la metà del VI secolo, il processo di inurbamento accentra le necropoli intorno alla città, il canopo sparisce rapidamente,

Canopo di bucchero a braccia mobili (a sinistra) e canopo chiusino del VI secolo a.C. (a destra).

e anche a Chiusi si diffondono le tombe a camera gentilizie con il rito dell'inumazione. La sopravvivenza del canopo nel territorio di Chiusi esprime dunque la conservazione di una religiosità più antica, di tipo protostorico: il defunto si distingue nella sua individualità, non nella sua appartenenza a una famiglia, e l'antropomorfizzazione dell'urna esprime la volontà di ricostituire l'identità fisica del corpo incinerato.

Abbiamo già detto come l'individualizzazione dei tratti sia un carattere che, seppure non univocamente, distingue il canopo recente dal più antico. Analogamente possiamo pensare che i canopi in trono, soprattutto quelli in cui l'artista ha cercato di rappresentare il rango del defunto, appartengano al periodo più tardo, quando l'ideologia aristocratica si stava ormai diffondendo anche in ambito chiusino. La datazione di questi reperti è piuttosto difficile, sia perché spesso ignoriamo il contesto in cui è avvenuto il rinvenimento, sia perché i pochi corredi sono stati ricomposti usando materiali eterogenei che gli antiquari accumulavano per farne commercio. Gli esemplari più antichi risalgono comunque al secondo quarto del VII secolo, i più evoluti alla metà del VI.

Alla produzione dei canopi è legata strettamente quella delle urne cinerarie propriamente dette, che hanno il coperchio sormontato dalla figura intera del defunto, ritratto a tutto tondo nel gesto della lamentazione funebre e attorniato da un coro di figurette piangenti. Questo tipo di vaso rivela un intento narrativo comune nell'artigianato orientaleggiante etrusco.

Canopo, probabilmente falso, da Chiusi (a sinistra) e canopo "assemblato"del VI secolo a.C. (a destra): la testa maschile poggia su un ossuario femminile.

Lo specchio di Peschiera

Nell'ambito della lavorazione etrusca del bronzo, che pur vanta molti altri raffinati manufatti, il genere più originale è senza dubbio costituito dagli specchi, la cui produzione, iniziata nella seconda metà del VI secolo a.C., termina virtualmente alla fine del II.

A differenza degli analoghi manufatti greci e romani, a lastra piatta, lo specchio etrusco è una superficie convessa, che restituisce un'immagine più piccola del reale ma oltremodo nitida. Il disco è fuso in un pezzo unico, che in certi casi comprende anche il manico, in altri soltanto il cordolo, al quale veniva applicato un manico di altro materiale (osso o avorio). Il rovescio, concavo, era di solito inciso, anche se talvolta vi veniva saldata una lastra lavorata a sbalzo: il soggetto delle scene raffigurate è la mitologia o la vita domestica.

In Etruria, diversamente che altrove, gli specchi erano riservati al mondo muliebre: nell'iconologia etrusca a specchiarsi sono soltanto le donne; inoltre, quando sull'oggetto è inciso il nome del proprietario, si tratta sempre di un nome femminile.

Insieme con i gioielli d'uso personale e i cosmetici, lo specchio andava ad arricchire il corredo funebre delle dame etrusche. Un caso particolarmente interessante è quello di una tomba di Todi, venuta alla luce nella necropoli di Peschiera (1886) e conservata oggi nel Museo di Villa Giulia. Il corredo consta di una cinquantina di oggetti, fra cui collane d'oro, orecchini, anelli d'oro e d'avorio, una serie di dischetti d'oro – che servivano forse per ornamento dell'abito –, un unguentario, un manico di ventaglio in osso e, soprattutto, un magnifico specchio di bronzo con l'impugnatura d'avorio.

L'oggetto risale forse alla fine del IV secolo a.C. e raffigura sul verso il "Giudizio di Paride". L'episodio viene rappresentato nel momento culminante, cioè mentre Paride - chiamato all'uso omerico Alessandro ("Aléxandros", *Alkhsntre* in etrusco) leva la destra per indicare la sua scelta a favore di Afrodite (*Turan*), preferita alle altre due dee, Atena (*Menrva*) e Era (*Uni*). Un tocco di particolare magnificenza è dato dall'ancella che sta accanto ad Afrodite, e agita un flabello. *Snenath Turns*, dice l'iscrizione, cioè "ancella di Turan". Difficile identificare la figura maschile (denominata *Tekhrs*) che, in piedi dietro Paride, sembra quasi suggerirgli la scelta.

La scena è delimitata da due cornicette a lisca di pesce; alla sommità vediamo la quadriga di Helios, il Sole; in basso, sopra il cordolo, l'immagine di Eracle assiso su una pira allude alle tragiche circostanze della morte dell'eroe. Narra infatti la leggenda che il centauro Nesso gli aveva rapito la moglie Deianira. Mentre fuggiva fu colpito a morte da una freccia di Eracle e, per vendicarsi, riuscì a convincere Deianira che, se avesse raccolto un po' del suo sangue e ne avesse asperso la tunica dell'eroe, questi sarebbe divenuto immortale. Ma, non appena ebbe indossato la veste, Eracle si sentì ardere le viscere da un fuoco intollerabile e, per sfuggire agli atroci dolori, si gettò su una pira ardente.

Un altro oggetto, appartenente allo stesso corredo, ci aiuta a capire il contesto dello specchio etrusco. Fra gli anelli appartenenti alla dama di Peschiera uno ha il castone decorato con una lamina d'oro sbalzato. Il piccolo rilievo (3,4 centimetri di diametro) rappresenta due nudi femminili intenti a fare toilette. La figura di sinistra, che tiene uno specchio davanti al viso, è una creatura mitologica etrusca, denominata *Lasa Vecuvia*. Il termine "Lasa" (per i romani *Lara*, o *Larunda*, era la ninfa madre dei Lari) significa "ninfa" o "spirito" ed è presente soprattutto sugli specchi, in scene di toilette o di carattere erotico. L'altra parola, "Vecuvia", è probabilmente il nome proprio di questa Lasa: lo si desume dal confronto con figure simili effigiate su un altro specchio.

Incisione raffigurante lo specchio di Peschiera (III secolo a.C.).

Le antefisse

Le antefisse sono uno dei motivi ornamentali più caratteristici dell'architettura etrusca.

Le case e i templi etruschi avevano spesso le pareti di mattoni crudi o a graticcio; di legno erano le travature dei tetti a doppio spiovente, coperti con tegole di terracotta.

Per difendere le parti più esposte di queste strutture (cautela quanto mai necessaria, visto che in una prima fase il frontone del tempio etrusco era vuoto), come anche i fusti dei pilastri e delle colonne, si ricorreva a rivestimenti-cornice in terracotta, con una funzione anche decorativa.

Questi elementi architettonici, piatti o in rilievo, erano comuni pure in Grecia, ma sparirono gradualmente con l'avvento dei grandi edifici in pietra o in marmo. In Etruria compaiono prima nell'architettura civile, poi, nel periodo tardo-orientalizzante (VI secolo a. C.), cominciarono a essere applicate anche in quella sacra, finché il trionfo dei moduli romani non provocò la loro definitiva obliterazione.

L'antefissa è un ornamento applicato lungo le gronde dei tetti, all'estremità dei coppi. Di solito è costituita da una testa in bassorilievo, contornata da un *nimbo*, cioè da una cornice semicircolare più o meno schiacciata o allungata; talvolta si trovano anche figure intere, isolate o disposte in gruppi.

I soggetti sono anonimi, o meglio troppo poco caratterizzati per consentirci di individuarli con precisione (teste maschili e femminili) o desunti dalla mitologia greca (sileni, gorgoni ecc.).

C.M.

Due antefisse di terracotta dal tempio dei Sassi Caduti di Civita Castellana.

Andar per tombe

Dal 1857, anno in cui Adolf Noël des Vergers e Alessandro François scoprirono la tomba dei Saties, molti furono gli stranieri che nel corso del Grand Tour *si fermarono ad ammirarla. Tra questi il famoso scrittore inglese David Herbert Lawrence, autore dell'*Amante di Lady Chatterley.

Incisione raffigurante un eroe etrusco.

La scoperta della tomba François

Per dar vita a una collezione di antichità e creare un museo pubblico a Firenze, nel 1850 Alessandro François si mise in società con lo studioso francese Adolf Noël des Vergers il quale, oltre a mettere a disposizione congrui finanziamenti, nel 1862 pubblicò i risultati degli scavi effettuati a Vulci.

Parlando delle origini dell'Etruria ho già detto qualcosa dei dipinti murali scoperti da Alessandro François e dal sottoscritto in una cripta della ricca necropoli di Vulci. Altrove ho anche descritto l'impressione destata in me dallo spettacolo che ci apparve davanti agli occhi quando, all'ultimo colpo di piccone, la pietra che chiudeva l'ingresso della cripta cedette e la luce delle nostre torce illuminò quelle volte di cui nulla, da più di venti secoli, aveva turbato l'oscurità e il silenzio. Tutto era ancora nello stesso stato del giorno in cui era stato murato l'ingresso, e l'antica Etruria ci appariva come ai tempi del suo splendore. Sui letti funerari alcuni guerrieri, coperti delle loro armature, sembravano riposarsi dai combattimenti che avevano sostenuto contro i romani o contro i nostri antenati galli. Forme, vesti, stoffe e colori apparvero per qualche minuto, poi tutto svanì man mano che l'aria esterna penetrava nella cripta, dove poco prima le nostre torce vacillanti erano state lì lì per spegnersi. Questo tuffo nel passato non ebbe neanche la durata di un sogno e la scena sparì come per punirci della nostra indiscreta curiosità.

Mentre quelle fragili spoglie cadevano in polvere a contatto con

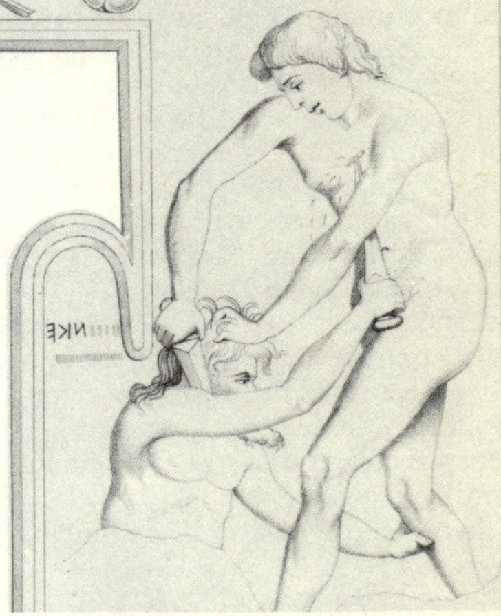

Incisione raffigurante un dipinto parietale.

l'aria, l'atmosfera diventava più trasparente. Ci vedemmo allora circondati da un'altra popolazione guerriera suscitata dagli artisti etruschi. Alcuni dipinti murali ornavano la cripta in tutto il suo perimetro e sembravano animarsi ai riflessi delle nostre torce. Attrassero subito la mia attenzione, perché mi parevano la parte più bella della nostra scoperta. Due porte situate l'una di fronte all'altra, la porta d'ingresso e quella di fondo, dividevano la sala funeraria in due parti uguali. Da un lato le pitture si riferivano ai miti della Grecia, e i nomi greci scritti in caratteri etruschi non lasciavano alcuna incertezza su questo punto: le avevano ispirato i poemi omerici.

Avevo sotto gli occhi uno dei drammi più sanguinosi dell'Iliade, il sacrificio dei prigionieri troiani che Achille compie sulla tomba di Patroclo [...]. L'affresco che faceva *pendant* [...] non aveva più nulla di greco, se non l'arte evoluta, lo studio del nudo, il modellato, il rilievo dei muscoli, l'espressione delle figure animate da passioni violente e l'abilità nel trattamento degli effetti di luce, delle ombre e delle mezze tinte. Quanto all'argomento, era evidentemente nazionale: la forma tutta etrusca dei nomi iscritti al di sopra di ogni personaggio lo dimostravano a sufficienza. In un primo momento avevo creduto di riconoscere, alla vista di uomini senz'armi sgozzati da altri uomini armati di spada, uno di quei sacrifici cruenti che gli antichi imputavano giustamente agli etruschi, durante i quali i lucumoni immolavano alle potenze infere i prigionieri presi in combattimento.

A. N. des Vergers

Impressioni di una visita a Cerveteri

Lo scrittore D. H. Lawrence giunse in Italia con la moglie poco prima dello scoppio della prima guerra mondiale. Salvo brevi periodi, vi rimase fino alla morte, nel 1930. Etruscan Places *fu pubblicato per la prima volta a Londra nel 1932.*

Nelle necropoli etrusche c'è una strana immobilità, un curioso senso di quiete, diversissimo dalla magia dei dolmen celtici, dalla morbida campagna romana e dalla sensazione, piuttosto orribile, che si prova davanti alle piramidi del Messico, come Teotihuacan, Chocula e, nel Sud, Mitla. Diversissima, anche, dall'amabile idolatria buddista di Ceylon.

C'è una dolcissima immobilità in queste enormi zolle erbose, fasciate di antiche pietre, e nel gran viale centrale aleggia una specie di felicità familiare.

In effetti il sole di aprile è calmo e radioso, e le allodole spiccano il volo dall'erba tenera. Tutta l'aria è impregnata di pace, di calma, e si riceve l'impressione di qualcosa di salutare per l'anima, anche quando, scendendo i pochi scalini, penetriamo nelle camere scavate nella roccia, all'interno del tumulo. Non resta più niente. È come una casa vuota: gli abitanti sono partiti e si attende il prossimo ospite. Ma, chiunque sia colui che se n'è andato, si è lasciato dietro un'atmosfera piacevole, che riscalda al cuore, che fa bene dentro. Sono straordinariamente grandi e belle, queste dimore dei morti. Scavate nella roccia viva, assomigliano a case. Il soffitto è attraversato da un trave. È una casa, un asilo.

All'ingresso si trovano due stanzette, a destra e a sinistra: le anticamere. Là, si dice, in urne allineate su banchi di pietra erano deposte le ceneri degli schiavi. Perché si presume che gli schiavi venissero sempre cremati, mentre qui, a Cerveteri, i padroni giacevano distesi,

Incisione con frammento di dipinto parietale.

nel loro più bell'apparato, sia in grandi sarcofagi di terracotta, sia in sarcofagi di pietra. Ma spesso riposavano lì sul largo letto di roccia, non chiusi nei sarcofagi, ma tranquillamente addormentati come in vita.

La camera centrale è vasta. Un enorme pilastro quadrato, scavato nella roccia, si trova in mezzo per sostenere il peso del tetto [...]. Tutt'intorno alla stanza si stende il gran letto di pietra, su cui venivano adagiati i morti, nelle loro bare o allo scoperto, su lettighe scolpite di pietra o di legno. Uomini risplendenti nelle armature d'oro, donne vestite di abiti bianchi e porpora con grandi collane al collo e anelli alle dita. Qui riposava la famiglia, i grandi capi e le loro mogli, i lucumoni, con i loro figli e le loro figlie, tutti in una sola tomba. Più lontano si trova una porta piuttosto alta e stretta, come in Egitto. L'insieme, del resto, fa pensare proprio all'Egitto; ma qui tutto è semplice, unito, in genere senza decorazioni, ma con quelle serene proporzioni la cui bellezza colpisce appena tant'è naturale e, direi, fisica. È la bellezza che sgorga da una coscienza fallica, che si oppone alle proporzioni più studiate ed estatiche della coscienza mentale e spirituale cui siamo abituati.

La porta interna conduce all'ultima camera, piccola e scura, dove l'emozione raggiunge il culmine. Di fronte alla porta si trova il letto di pietra su cui si stendeva senza dubbio il lucumone con il suo tesoro sacro: la navicella di bronzo che doveva condurlo nell'aldilà, vasi pieni di gioielli per potersi abbigliare, piattini, statuette, armi, armature tutto lo straordinario bagaglio dei morti importanti. Talvolta in questa camera interna si stendeva anche la moglie, la gran dama in grande apparato, con uno specchio in mano, con i gioielli, i pettini, le scatole d'argento piene di cosmetici: tutto disposto intorno a lei in urne o in vasi. Splendido era per loro l'apparato della morte.

Una delle tombe più importanti è

L'ipogeo dei Volumni a Perugia in un disegno di J. Ainsley (1848).

quella dei Tarquini, la famiglia che diede re etruschi all'antica Roma. Si scende una rampa di scalini per penetrare nell'asilo sotterraneo dei *Tarchne*, come scrivevano gli etruschi. Al centro della grande camera ci sono due pilastri scavati nella roccia. Le pareti del grande "soggiorno" dei Tarquinii, se così si può chiamarlo, sono di stucco, senza pitture. Vi sono solo alcune iscrizioni alle pareti e nelle nicchie funerarie che sormontano il gran letto di pietra. Sono piccole sentenze, liberamente tracciate in rosso o in nero, o incise nello stucco con l'unghia, a testimonianza della negligenza e della pienezza di vita degli etruschi. Leggiamo molto facilmente queste iscrizioni alla buona, che sembrano tracciate ieri, con la calce, in lettere etrusche arcaiche. Ma dopo averle decifrate non ne sappiamo di più, perché non ne conosciamo il senso [...].

La tomba chiamata Grotta Bella è interessante a causa dei bassorilievi scolpiti e degli stucchi che ornano i pilastri e le pareti intorno alle nicchie e al di sopra del letto mortuario che circonda la tomba. Gli oggetti rappresentati sono in genere armi e insegne guerresche: scudi, elmi, corazze, schinieri, sciabole, lance, calzari, cinturoni, insomma tutto l'armamentario dei prodi. Poi la coppa sacra, lo scettro, il cane, guardiano dell'uomo fin nella morte, i due leoni che fiancheggiano le porte della vita e della morte, il tritone e l'oca, quest'uccello che scivola sull'acqua e che sprofonda nel diluvio delle Origini e della Fine. Tutto questo è effigiato sulle pareti. E tutto ciò, gli

Tomba della necropoli di San Cerbone, a Populonia.

oggetti stessi, o i loro simboli, era rappresentato in questa tomba. Non ne resta più nulla.

Sono così tranquille e amichevoli queste tombe scavate nella roccia sotterranea! Scendendovi non si prova il minimo senso di oppressione. Ciò deve dipendere, almeno in parte dal fascino particolare e naturale delle proporzioni, che esiste in tutte le opere etrusche non alterate dai romani. Nelle minime curve di queste pareti sotterranee c'è una semplicità, una naturalezza tutta spontanea che rassicura immediatamente lo spirito. I greci cercavano di produrre un'emozione artistica, il Gotico di impressionare lo spirito. Non gli etruschi. Le cose che hanno fatto nei loro secoli d'oro sembrano naturali come il respiro. Lasciano un'impressione di libertà, di gioia, di pienezza di vita. Qui sta la vera qualità etrusca: disinvoltura, naturalezza, ridondanza di vita, sì che lo spirito non prova il minimo senso di costrizione.

Per gli etruschi anche la morte era un amabile prolungamento della vita, con i suoi gioielli, con il vino e con i flauti per accompagnare la danza. Non c'era né l'estasi beatificante né l'inferno dei tormenti. Era solo la continuazione naturale di una pienezza. Tutto si svolgeva in termini di vita, di esistenza.

Malgrado ciò, ogni vestigio etrusco, tranne le tombe, è rimasto annientato. Com'è strano! Si esce nel trionfo di questo sole d'aprile, si cammina lungo i viottoli profondi segnati fra le dolci tombe coperte d'erba. Tutto è immobile, lieto, ridente.

D.H. Lawrence

Tombe etrusche a Orvieto in una foto d'epoca.

I nuovi strumenti dell'indagine archeologica

Gli etruscologi hanno ormai a disposizione nuovi strumenti per le indagini sotterranee: oltre all'aerofotogrammetria, il metal detector, i potenziometri e il periscopio Nistri.
Ce ne parla R. Bloch nel suo Le mystère étrusque *del 1968.*

Grazie all'applicazione di nuovi metodi di prospezione, le scoperte di nuove tombe sono state numerose e spettacolari, soprattutto a Cerveteri e a Tarquinia.

Bisogna dire qualche parola su queste tecniche, elaborate di recente e citate molte volte nelle riviste francesi ed estere. Già da alcuni decenni la fotografia aerea è largamente impiegata dagli archeologi, ai quali rende servigi. Spesso, in Toscana, le tombe etrusche erano ricoperte all'origine dai cosiddetti tumuli, costruiti con il terreno di riporto dei fossati scavati nella roccia o nel tufo. Gli agenti atmosferici e i lavori agricoli hanno progressivamente spianato queste antiche collinette artificiali; malgrado il livellamento, però, i materiali costitutivi dei tumuli sono rimasti sul posto e lasciano, nelle foto aeree, tracce biancastre, segno tangibile delle costruzioni nascoste. Indicazioni estremamente preziose; senonché, essendo le macchie piuttosto grandi, dobbiamo ricorrere a nuove tecniche, che ci aiutano a precisare ancora meglio il luogo esatto delle sepolture.

È stato un ingegnere milanese, M.C.M. Lerici, ad applicare alla ricerca archeologica un metodo di individuazione fondato sulle correnti elettriche. Se ne troverà la descrizione in numerosi opuscoli, pubblicati dall'Istituto da lui fondato a Milano, e soprattutto nel suo libro *Prospezioni archeologiche a Tarquinia. La necropoli delle tombe dipinte* (Milano 1959).

Il principio è semplice. Il terreno conduce l'elettricità, ma la sua conduttività è modificata dalla presenza, nelle sue viscere, di terrazzamenti, muri o tombe. Ciò è rivelato facilmente da apparecchi

Interno di tomba rupestre con disegnatore all'op

detti potenziometri, e le irregolarità dei grafici che i potenziometri permettono di ottenere per un dato settore individuano il punto esatto in cui si celano le tanto sospirate tombe.

Davanti all'elevato numero delle sue scoperte, Lerici ha ideato un ingegnoso procedimento per "spiare" l'interno delle sepolture localizzate prima ancora di intraprenderne lo scavo. Era infatti importante sapere subito se erano già state visitate e svuotate del loro contenuto da cercatori clandestini dei secoli passati o se, al contrario, contenevano ancora, tutto o in parte, il loro prezioso materiale votivo.

Siccome le tombe etrusche si presentano sotto forma di camere, Lerici ebbe l'idea di introdurvi, prima dello scavo, un periscopio, denominato "periscopio Nistri" dal nome del suo inventore. Per far questo una sonda perforante apre, al centro della tomba, un foro di una decina di centimetri di diametro, che attraversa il terreno e il soffitto della camera sotterranea. Il periscopio viene introdotto nella cavità e consente di vedere, dall'esterno, l'interno del sepolcro. Si può anche fotografarlo introducendovi un cilindro metallico, all'estremità del quale è piazzato un piccolo apparecchio fotografico munito di flash e comandato dall'esterno. Ruotando regolarmente il cilindro, tutte le pareti dell'ipogeo possono essere fotografate con una decina di scatti. Le pellicole, una volta sviluppate, forniscono all'archeologo tutti i dati che può desiderare.

Grazie alla sistematica applicazione di queste tecniche, a Cerveteri e a Tarquinia sono state identificate, fotografate e in parte scavate molte migliaia di tombe nuove. Per il 98% erano già state visitate, per il 60% svuotate di tutto il loro contenuto; tuttavia il materiale scoperto nel corso di queste ricerche si è rivelato considerevole e, talvolta, molto importante. Mentre, da più di sessant'anni, non si erano più trovate in Etruria tombe dipinte, a Tarquinia ne sono comparse oltre una ventina; alcune delle nuove pitture murali sono di grande interesse.

Raymond Bloch

un'incisione ottocentesca.

Falsi e falsari

L'arte della falsificazione ha le sue radici nell'Antichità e ancora oggi è praticata in tutto il mondo, con alterne fortune. A volte il falso, per quanto ben costruito, viene immediatamente smascherato; altre volte, in un mare di attribuzioni, contestazioni e polemiche, possono passare decenni.

Il falsario Alfredo Fioravanti (1861).

Falsi e mezzi falsi

Il brano che segue, tratto dal catalogo della mostra "Fortuna degli Etruschi", che si è tenuta a Firenze nel 1985, offre una panoramica sui falsi più famosi dall'Ottocento ai nostri giorni, a cominciare da quelli usciti dalle botteghe orafe.

Nell'Ottocento si verificarono in Italia importanti rinvenimenti archeologici, in particolare in Campania, nel Lazio centro-meridionale e nell'Etruria meridionale. Fra questi oggetti, notevoli furono quelli preziosi, presi subito a modello da molti orafi. Si affermò infatti non solo il desiderio di possedere oggetti antichi ma ci si accontentava anche di copie o di variazioni sull'originale. I prototipi derivavano di solito dal materiale orientalizzante, di grande bellezza e preziosità.

Tra gli orafi che si ispirarono a questi reperti si segnala Augusto Castellani (1820-1914).

Nato e residente a Roma, questo valente artigiano e fine collezionista poteva controllare e ricevere il materiale che proveniva dalle zone circostanti, lasciando al fratello Alessandro, che dopo il 1862 era in esilio a Napoli, il "drenaggio" dei reperti campani. Discendente da una nota famiglia di orafi, il Castellani è rimasto famoso soprattutto per la realizzazione di imitazioni di gioielli antichi, che non riguardavano soltanto oggetti etruschi, ma anche altomedievali. Il Museo etrusco di Villa Giulia ne conserva parecchi, accanto a opere autentiche che costituivano una parte della sua ricca collezione.

L'orafo romano, comunque, usava

apporre la propria sigla sugli oggetti che uscivano dal suo laboratorio, per cui nel suo caso non si può parlare di "falso".

Il falso comincia invece quando materiale antico originario accoglie decorazioni di epoca posteriore, spesso effettuate all'epoca della scoperta ed evidenziate solo dalla perizia dello specialista.

È il caso di alcune ciste in bronzo. In quella rinvenuta nel 1870 su un terreno di proprietà Frattini, e trasferita nel 1878 nella collezione Czartoryski del Museo di Cracovia, la decorazione realizzata sul corpo liscio è dovuta al confronto con le numerose altre, decorate, venute alla luce in quel periodo nella necropoli della Colombella, a Palestrina. L'obiettivo era evidentemente quello di rendere più appetibile l'oggetto.

Un altro illustre esempio di incisione effettuata sul corpo liscio e antico è costituito dalla ben nota "cista Pasinati", poi collezione Castellani e ora al British Museum: la decorazione, riferita alle vicende di Enea nel Lazio è, con ogni probabilità, opera di Francesco Martinetti, noto mercante d'arte romano e finissimo incisore.

Sempre al Martinetti va attribuita la decorazione di un'altra cista ovale, anch'essa proveniente dalla necropoli di Preneste e conservata al Louvre.

È invece attribuita al XX secolo la decorazione della cista di Forest Hall (New York).

Questi ultimi casi di falso sono più difficili da smascherare, in quanto il pezzo risulta autentico; talvolta, come nel caso della cista Pasinati, lo si accompagna addirittura con un autentico corredo funerario.

Claudia Cerchiai

Diana a caccia nel Missouri

Uno dei casi più clamorosi di falso etrusco è senza dubbio quello di una statua di Diana acquistata dal City Art Museum di St. Louis (Missouri) per una cifra astronomica.

Nel complesso e intricato mondo delle falsificazioni di opere d'arte, l'argilla ha avuto un posto di particolare rilievo grazie a proprietà peculiari quali la facilità di manipolazione e i bassi costi. Nella seconda metà dell'Ottocento in particolare, il ricorso a questo materiale è stato sempre più favorito dal crescente interesse tributato alla plastica fittile delle età classica e arcaica, a seguito di importanti campagne di scavo e di consistenti acquisizioni da parte di prestigiosi musei, come quella della collezione Campana effettuata dal Louvre nel 1863, contenente fra l'altro numerosi falsi eseguiti pochi anni prima da Pietro ed Enrico Penelli.

Alimentata da un'antica e feconda tradizione artigianale esistente nelle principali località archeologiche dell'Etruria, la produzione moderna di terrecotte etrusche si è dilatata in modo eccezionale su due binari paralleli ma non privi di scambi: quello della produzione vicina alla dimensione seriale di una vasta gamma di oggetti d'arte "minore", di buonissima qualità e fattura, che sovente hanno contribuito a integrare il prodotto di scavi non ufficiali per soddisfare a una crescente domanda del mercato delle "anticaglie etrusche"; e quello della reinterpretazione delle forme plastiche antiche con opere di grande impegno artistico e di così elevato mimetismo da essere scambiate per capolavori autentici, e così finire fra le raccolte di grandi musei europei e americani.

Numerosi sono infatti i casi di falsificazione di sculture in terracotta dell'arte etrusca clamorosamente scoperti dalla seconda metà dell'Ottocento a oggi. Dall'ormai celebre e noto sarcofago acquistato nel 1873 dal British Museum di Londra – e a lungo celebrato come il monumento più importante della plastica etrusca, prima che Pietro Penelli rivelasse di esserne l'artefice insieme al fratello – e dagli altrettanto incredibili *warriors* etruschi acquistati all'inizio del nostro secolo da John Marshall per il Metropolitan Museum di New York e solo verso gli anni Cinquanta denunciati da numerosi esperti come falsi, a opere minori e meno note come le statuette femminili finite alla Ny Carlsberg Glyptothek di Copenhagen e al Museo d'Arte antica dell'Università K. Marx di Lipsia.

Tuttavia l'episodio più sconcertante e significativo, tra i falsi

Alceo Dossena e la tanto contestata *Diana* etrusca (in alto a destra) nello studio dell'artista.

etruschi, è a mio avviso rappresentato dalla Diana etrusca, in stile arcaico, finita in tempi abbastanza recenti al City Art Museum di St. Louis e ben presto risultata opera moderna confezionata a Roma probabilmente all'inizio degli anni Trenta.

L'episodio sembra degno di particolare attenzione, perché, oltre a dimostrare che il mercato dei "falsi" è sempre strettamente collegato alla fortuna e al successo di un genere o di un periodo artistico, richiama anche temi, questioni e, soprattutto, un personaggio eccezionale come Alceo Dossena.

Copertina di "Art News" con i frammenti della statua come fu acquistata e con l'opera restaurata.

Nell'autunno del 1953 la rivista statunitense "Art News" dedicava la propria copertina a colori a una policroma scultura fittile in stile etrusco arcaico rappresentante questa dea, e apriva il panorama delle novità artistiche dell'America con il clamoroso annuncio: *St. Louis captures a Diana.*

L'enfasi e la sottolineatura che accompagnano la notizia sono certamente spiegabili con il clima di rinnovato interesse e di fortuna critica che nei primi anni Cinquanta si riaccese attorno alla civiltà etrusca.

Alta circa 140 centimetri, la scultura ritrae una Diana in stile arcaico dall'enigmatico volto risaltato sulle trecce impomatate che scendono ai lati del collo, la quale, con il piede sinistro avanzato e la mano che solleva un lembo della veste scoprendo la gamba destra, sembra accennare alla corsa, mentre al di sopra del sostegno centrale semicircolare, decorato a rilievo col motivo – caratteristico di molte antefisse fittili – della palmetta a cinque foglie inscritta in un semicerchio concluso in basso da due volute rivolte all'interno, è affiancata da uno strano cucciolo, forse un cerbiatto o un vitello.

I dati storici della sua origine, più volte illustrati pubblicamente dal direttore del museo, Perry T. Rathbone, la indicavano come fortunato ritrovamento effettuato nel 1872 dal conte Francesco Mancinelli nei pressi di Civita Castellana, successivamente venduto da un erede a un collezionista svizzero dal quale il museo l'aveva acquistata per la somma di 56.000 dollari.

Tuttavia, anche per la violenza del "restauro" eseguito da Joseph Ternbach, il quale, ricomponendo i frammenti della statua, aveva pensato bene di completare alcune mutilazioni con grande fantasia e di dotare per la prima volta la statua di arco e faretra, la sua autenticità venne immediatamente negata per iniziativa di Pico Cellini.

Sui dati raccolti dall'attento studioso e profondo conoscitore del mercato d'arte internazionale, nel giugno 1954 Antonio Cederna, con un articolo su "Il Mondo" (*Un mercato senza spine*, 8 giugno), denunciando il persistere del fenomeno di spoliazione delle città e delle necropoli etrusche del Lazio, illustrava la Diana come un clamoroso esempio di falsificazione.

Ma né le prove raccolte dal Cellini e pubblicate dal Cederna, né la conseguente dichiarazione del sovrintendente di Bologna circa la licenza di esportazione concessa nel novembre 1952 dal locale ufficio competente, che giudicava la statua "pasticcio desunto da prototipi etruschi, identificabili intorno alle sculture di Veio", e neppure il parere di un illustre etruscologo come Massimo Pallottino furono sufficienti a convincere il direttore del museo di St. Louis e numerosi *experts* sull'autore della statua. Anzi, nel 1956 la sua autenticità venne di nuovo riaffermata da vari studiosi.

Si è dovuto attendere la monografia su Alceo Dossena a cura del figlio (Roma 1955) e ulteriori interventi di autorevoli studiosi ed etruscologi (di nuovo Massimo Pallottino e poi Luisa Banti) per spostare in modo definitivo la paternità della Diana dall'ignoto artista etrusco del primo ventennio del V secolo a.C a quell'eccezionale interprete dell'arte antica che è stato Alceo Dossena (1878-1937).

Mario Bencivenni (rid.)

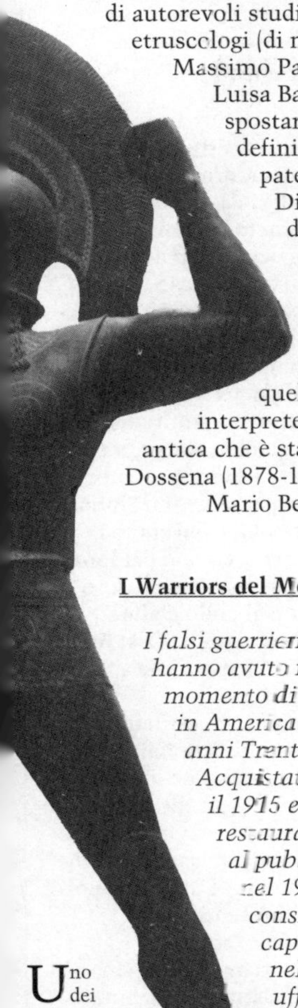

Uno dei "guerrieri" del Metropolitan Museum di New York. Il falso pesava 360 chili.

I Warriors del Metropolitan

I falsi guerrieri etruschi hanno avuto il loro momento di celebrità in America negli anni Trenta. Acquistati tra il 1915 e il 1921, restaurati ed esposti al pubblico nel 1933, furono considerati dei capolavori. Solo nel 1961 furono ufficialmente riconosciuti come falsi, creati da un artigiano di Orvieto nel 1914.

Nei *Papers* (n. 6, 1937) del Metropolitan Museum di New York, la direttrice del dipartimento di Antichità classica, Gisela M. Richter, pubblicò la riproduzione di due grandi statue e di una testa, tutti in terracotta dipinta, raffiguranti tre guerrieri "etruschi" e ricostituiti a partire da numerosi frammenti. Massimo Pallottino non tardò a manifestare il proprio scetticismo sulle colonne di "Roma, Rivista di studi e di vita romana". Pur avendo visto solo le foto riprodotte sul bollettino del museo statunitense, il nostro studioso fece subito osservare – con straordinaria acutezza e padronanza non solo dell'arte etrusca ma di tutta l'arte antica – che si trattava di falsi.

"La statua più grande" argomentava "appare chiaramente ispirata al bronzo di Dodona, ma è del tutto priva di carattere. La testa, semplice ingrandimento di un balsamario corinto, ha dimensioni mostruose rispetto al resto del corpo. La linea obliqua delimitante il bordo inferiore della corazza, che si stacca dalla vita, è cosa inverosimile nell'arte arcaica. L'orrendo ornamento a palmette disegnato sulla corazza e sugli schinieri contrasta del tutto con l'impronta arcaica, o pseudo-arcaica, dell'insieme dellla statua. Infine, nessun elemento stilistico ricorda l'arte etrusca dei secoli VI e V".

Solo nel 1961 i responsabili del museo americano si rassegnarono a dichiarare false le statue, per il semplice fatto che nel frattempo era venuta fuori la confessione dell'artista "etrusco", Alfredo Fioravanti: le aveva fabbricate in una botteguccia artigiana di Orvieto alla vigilia della prima guerra mondiale!

C.M.

Porsenna abita qui

Di etruschi in carne e ossa ne esistono ancora. Non è difficile incontrarli. Basta andare a Tarquinia, a Cerveteri, lungo il litorale, a Bracciano, entrare in paese e chiedere dello Sbircio, di Delfo, del Gatto... Li hanno incontrati due giornalisti dell'"Europeo".

Il corridoio della tomba Regolini-Galassi di Cerveteri.

Clandestini etruschi

Collezionisti, artisti o volgari tombaroli? Chi sono i concorrenti dell'archeologia scientifica? In occasione delle manifestazioni etrusche del 1985 due giornalisti sono andati a cercarli.

Loro sono gli ultimi etruschi sopravvissuti alla storia: un esercito di poveracci, difesi da un soprannome, che passano la metà dell'anno sottoterra o barricati in una fornace clandestina. Vivono in case scalcinate, stipati in sei o sette persone di cui una sola lavora. Se l'uomo è disoccupato fa il tombarolo o il falsario dalla mattina alla sera; se lavora, magari come muratore, alle cinque di sera, quando stacca, va per i campi a caccia di tombe o a cuocere l'argilla in un capannone. Lo Sbircio, il Gatto, il Garibaldi calpestano la terra degli etruschi, vivono dei loro stessi oggetti e, se la fortuna è loro propizia, portano al collo e alle orecchie gli stessi gioielli. Così fuori luogo addosso a chi spesso ha solo i soldi per mangiare.

Vediamoli dunque, questi etruschi del ventesimo secolo. Scopriamo chi sono, come lavorano, come vivono, aiutati in questo dai racconti di persone che vogliono restare senza nome.

Incominciamo dai falsari. Dire che in loro rivive l'arte di Eufronio è poco: infatti, nei migliori, quest'arte convive con un'autentica consapevolezza archeologica. Una prova? Ebbene, basti dire che cinque vasi a figure rosse conservati con tutti gli onori al Museo di Berlino (due itrie, due patere e un cratere) sono opera di un famoso vasaio etrusco morto due anni fa, il Maestro, colui che tutti i post-etruschi viventi non nominano senza un mormorìo di rispetto: il C.

Dubitate? ebbene, dubitate pure. Ma andate cauti nel comprare un bucchero perfino da un museo. Perché il Maestro – e dopo di lui altri – hanno scoperto un metodo infallibile per alterare i risultati del radiocarbonio. Così anche una commissione di esperti può pensare che l'oggetto è antico perché il materiale è antico, e metterlo per iscritto. Il Maestro preferiva senz'altro questo metodo a quello, più rozzo, di dipingere un vaso veramente antico per aumentarne il valore: un buon bucchero senza figure arriva a 200.000 lire, uno con figure raggiunge, a volte, i 200 milioni.

Per fare un falso "serio" ci vogliono un anno di lavoro e più persone: un vasaio, un ceramista, un pittore e manodopera servile. La prima operazione è la preparazione della creta: vengono scelte argille particolari, senza additivi, negli stessi posti dove probabilmente la cercavano i vasai-antenati; l'argilla va decantata e lavorata a lungo. Poi il pezzo va "steccato", cioè sfregato con l'ossidiana o con la pietra d'agata con infinita pazienza, perché diventi uguale ai levigati buccheri etruschi. Se invece il pezzo deve essere dipinto si fa l'"ingobbiatura", cioè un tipo di lucidatura con due tinte ricavate da due tipi di terra. Il preparato viene cotto a circa 850° C in un fusto metallico pieno di segatura. Poi, se è il caso, verrà dipinto in nero, rosso e bianco, cioè con una terra rossa ricca di ossido di ferro allungato con acqua, che a 900 gradi diventa nera; con due terre composte che si sbiancano mescolandosi e con il colore stesso dell'argilla.

A questo punto solo il test di termoluminescenza può stabilire con precisione la data di cottura. La macchina per eseguire la prova è però piuttosto rara, e si può sperare di farla franca. A meno che... a meno che non spunti la figura rapace di un mercante. Anche il Maestro pronunciava con terrore nomi come quello di Giacomino Medici, antiquario romano capace di riconoscere un falso dal peso.

Ma allora? La presunta perfezione degli ultimi artisti etruschi viventi dove va a finire? Purtroppo nessuno è perfetto, tenendo conto anche che il mercante è molto astuto. In più, al contrario dello studioso, non crede a improbabili esperimenti giovanili di Eufronio o a possibili varianti d'autore. Ed è proprio per non trattare con simili affaristi che molti artisti "etruschi" scelgono la via dell'emigrazione, lasciando il campo ai tombaroli.

I "clandestini", come vengono definiti dalle sovrintendenze, sono una categoria in espansione. Raccolgono giovani disoccupati e decine e decine di occupati che fanno il mestiere come secondo lavoro. Non manca chi addirittura si licenzia per dedicarsi anima e corpo allo scavo[...].

Il lavoro, comunque, è durissimo. Si deve camminare per ore e ore, tastando il terreno con un bastone di ferro (chiamato in gergo "lo spillo") per sentire se il terreno è vuoto. Una volta individuata la tomba bisogna scavare per giorni e giorni: in genere si tratta di tombe franate, colme di terra, sfuggite, proprio per questo, all'attenzione dei razziatori del passato. Già, perché anche nel passato usava "andare a tombe", e il tombarolo di oggi si può considerare fortunato se trova un sepolcro che ha subito solo un paio di profanazioni.

Ripulita la tomba dalla terra c'è il

rischio di trovare materiale rovinato. I terreni non sono tutti uguali, e quelli di Cerveteri o Tarquinia sono particolarmente acidi. I colori dei vasi sono spesso intaccati e i reperti perdono di valore. Se basta un buco e si entra.

[...] C'è ancora molto, sottoterra; eppure con le tombe nessuno si arricchisce.

Un "clandestino" prende in media un decimo del valore di mercato di un pezzo: si pensi, per esempio, che uno dei "colpi" più grossi del secolo, la vendita del celebre vaso di Eufronio, oggi a New York, ha fruttato circa 30 milioni a testa ai cinque tombaroli che lo avevano scoperto. Una quarantina di vasi di varie dimensioni ed epoche sono stati trovati due mesi fa intorno a Cerveteri: il malloppo è andato invece al ricettatore per 38 milioni. E un cratere attico a figure nere del VI secolo, insieme con due patere a figure rosse più recenti scavate a Traianello, sono stati svenduti per due milioni e mezzo.

I prezzi all'incirca sono questi: un bel vaso senza figure, un bucchero, costa al massimo 250.000 lire; un frammento decorato o una tegola ornata o un vasetto si vendono a 15-20.000 lire. Solo gli oggetti eccezionali sfuggono a questa regola, ma non sempre. Si pensi che tra la refurtiva pagata 38 milioni due mesi fa c'era uno stupendo e rarissimo vaso a forma di testa di negro. In Italia ne esiste solo uno simile, nel Museo di Villa Giulia a Roma. Il pezzo vale più di 100 milioni.

Ma allora, se andare a tombe non rende granché, che gusto c'è a girare per settimane, a scavare per cinque o sei giorni come bestie? "Lo so che se lo dico la gente mi ride in faccia", dice F., tombarolo a tempo perso, "ma io lo faccio per passione. La passione di uscire, di andare a caccia e di trovare i tesori sepolti. Poi, dopo... uno non sa che farci e li vende..."

"Il più bel colpo della mia vita", racconta X, commerciante e tombarolo dilettante, "l'ho fatto otto anni fa a Bracciano. C'era un vaso pieno di terra, con il collo chiuso da un teschio di coniglio di terracotta. E dentro era pieno di gioielli..."

"Io pure ho trovato a volte gioielli", aggiunge il G. di Bracciano, vecchio professionista. "Non tanti, ma belli. Proprio adesso ho scovato due orecchini d'oro con un rubino. Se li vendo che ci faccio? Poche centinaia di migliaia di lire. Preferisco quindi regalarli a mia moglie".

Storie diverse, atteggiamenti dissimili; eppure, pare incredibile, anche i tombaroli hanno una coscienza. Una coscienza professionale da vecchi collezionisti, che finiscono per affezionarsi agli oggetti ritrovati. Ma non tutti sono così. I più furbi, i più cinici trattano la roba solo come merce. Sono i piccoli ras dello sterro, che lavorano in grande. Come la squadra che ha riesumato un intero tempietto a Terzi (Palidoro) due anni fa, dissotterrando, oltre al resto, quattro o cinque statue di bronzo e di terracotta (un bronzo del genere arriva in genere a 50 milioni).

"Beati loro", commenta il romantico F., "sottoterra c'è di tutto. Il punto, semmai, è che cosa ne facciamo. Io ho chiesto per anni al Ministero l'autorizzazione a formare una squadra legalmente riconosciuta: ci sarebbe addirittura da guadagnare, perché lo Stato paga meglio del ricettatore e non dà stangate. Però non è possibile, perché il Ministero non riconosce i privati che hanno esperienza da vendere. Così faccio il tombarolo di nascosto. L'ultima scoperta è una patera a Castel Giuliano, dell'epoca, e forse dell'ambiente, di Eufronio. C'è un bambino che pesca, con i pesci che affiorano dal mare. È andata a un mercante per tre milioni. Lui la rivende a 50. Io mi tengo solo quello che non dà nell'occhio, come questo vaso a figure nere con i cavallucci marini. È rovinato e il colore è andato via, per questo i ricettatori non sanno che farsene...".

Infatti i ricettatori vanno solo a colpo sicuro. A Roma sono una settantina, con un giro d'affari di 100-150 milioni all'anno solo per la roba etrusca: ma solo tre o quattro hanno i mezzi e l'organizzazione per spacciare i pezzi che scottano.

Il sistema più sicuro è l'esportazione clandestina: con un camion carico di materiale in mezzo al quale si nasconde il vaso o la statua. Per i pezzi veramente speciali c'è un metodo migliore: la valigia diplomatica. Basta conoscere un funzionario d'ambasciata disponibile e il gioco è fatto.

Una volta fuori dai confini, il modo più semplice di liberarsi degli oggetti è di venderli in Svizzera: la Svizzera non ha aderito alla convenzione internazionale dell'Unesco del 1970, che impedisce l'import-export libero dei reperti archeologici e delle opere d'arte. Per ciò che riguarda il mercato, quello che tira di più è il tedesco, seguito a ruota dall'inglese, anche se in Inghilterra si corrono rischi maggiori.

E la polizia? La polizia e soprattutto i carabinieri sudano sette camicie per recuperare la refurtiva. Si può dire che in media solo il 50% degli oggetti esportati clandestinamente ritorna alla fine in patria.

Per il momento la lotta delle forze dell'ordine prosegue senza quartiere: a Cerveteri, per esempio, le ispezioni dei carabinieri sono a dir poco frenetiche; molto spesso, però, i tombaroli la fanno franca contando sull'omertà territoriale. Ma basta solo spostarsi da Cerveteri a Bracciano, basta solo che i carabinieri vedano un "movimento" fuori zona, perché la trappola scatti. Com'è successo proprio a Bracciano, col ritrovamento, molto pubblicizzato, di un carico di vasi.

C'è però anche un modo di abbattere il muro dell'omertà: se la refurtiva scotta troppo, se magari non è stata presa secondo le regole mai scritte di questo sottomondo, allora tutti insorgono diventando paladini della giustizia. È successo l'anno scorso: erano state rubate due meravigliose anse bronzee del IV secolo dal museo di Tuscania con un'operazione "anarchica", contraria sia all'etica dei tombaroli sia alle regole del gioco della ricettazione. Tutti i commercianti si sono autotassati, mettendo in palio una taglia per il ritrovamento degli oggetti rubati; e i tombaroli hanno tenuto gli occhi aperti. Alla fine le due anse sono state miracolosamente trovate a Ostia e a Roma: i ladri non erano neppure riusciti a farle uscire dalla città.

Al nostro F., tombarolo per amore, è capitato di vedere una delle due anse prima che fossero recuperate; non solo, l'ha anche toccata. A ripensarci i suoi occhi acquistano ancora un'espressione sognante: "Era stupenda. La finezza della lavorazione è indescrivibile; non avevo mai visto nulla di così emozionante... Pareva una vecchia auto di lusso, una Ferrari col motore ancora perfetto dopo anni e anni di inattività". Più etrusco di così...

M. P. Saci - F. Troncarelli

Gli etruschi sullo schermo

La civiltà etrusca rappresenta un mistero ancora da esplorare anche per il cinema, che non ha saputo andare oltre a semplici citazioni storiche e a macabre rievocazioni rituali. Ottimi, invece, i documentari sull'argomento.

Nonostante il cinema nella sua intensa produzione abbia attinto a piene mani dalla storia e dagli eventi del passato, nel caso della civiltà etrusca non ha saputo addentrarsi, probabilmente condizionato dalla scarsa conoscenza che si ha dell'argomento, nei meandri enigmatici di un periodo all'origine della nostra identità culturale, periodo in gran parte, per i più, tutt'ora avvolto da un'alone di mistero. Di conseguenza, registi e produttori si sono ben guardati dal trattare il tema, tenendosi a debita distanza anche da possibili soluzioni fantastiche, per evitare cautamente di incorrere in consuete e facili esemplificazioni. E i pochi autori che hanno avuto l'audacia di avventurarsi lungo questa pista indecifrabile, realizzando film in cui si registrano accenni agli etruschi – tutte pellicole di produzione italiana – se hanno affrontato la storia lo hanno fatto trasversalmente, relegando quasi sempre questo popolo sullo sfondo delle vicende narrate, come in *Le vergini di Roma* (1961) e *Il colosso di Roma-Muzio Scevola* (1964). Se, invece, hanno cercato di trattare altri aspetti della cultura e della civiltà etrusca, non hanno saputo andare al di là delle scontate citazioni che caratterizzano *L'Etrusco uccide ancora* (1972) e *Assassinio al cimitero etrusco* (1982). Due film, questi, che si snodano sulla falsa riga del giallo e dell'horror moderni.

Molto più esplicativi e rigorosi dal punto di vista dell'indagine storico-scientifica, invece, risultano i film documentari di Massimo Becattini, Folco Quilici e Marino Maranzana.

Le vergini di Roma
Italia/Francia, 1961
Regia: Vittorio Cottafavi e Carlo Ludovico Bragaglia
Con: Louis Jourdan, Sylvia Syms, Ettore Manni
Avventura
La storia di questo film si rifà a Clelia, la mitica eroina romana data in ostaggio a Porsenna, re degli etruschi, e che questi, però, non riuscirà a trattenere a lungo.

Il colosso di Roma - Muzio Scevola
Italia, 1964
Regia: Giorgio Ferroni
Con: Gordon Scott, Gabriella Pallotta, Massimo Serato, Roldano Lupi.
Storico
Il grande eroe romano Muzio Scevola, autopunitosi dopo aver fallito un attentato a Porsenna, ritorna in battaglia contro gli etruschi fermamente deciso a uccidere il re nemico.

L'etrusco uccide ancora
Italia, 1972
Regia: Armando Crispino.
Con: Alex Cord, Samantha Eggar, John Marley, Enzo Tarascio, Enzo Cerusico, Horst Frank, Carlo De Mejo, Daniele Sorina, Vladan Milasinovic, Christiane von Blank, Nadia Tiller
Giallo
Durante lo svolgersi del Festival dei due Mondi un misterioso criminale terrorizza la gente di Spoleto uccidendo delle vittime innocenti per sacrificarle secondo l'antico rito del dio della morte etrusco, Tuchulcha. Il commissario Giuranna in un primo momento dirige i suoi sospetti fra i partecipanti del festival, ma ogni traccia finisce col condurre sistematicamente in un vicolo cieco.

Assassinio al cimitero etrusco
Italia, 1982
Regia: Christian Plummer
Con: Elvire Audrey, Paolo Malco, Claudio Cassinelli
(Durata: 96')
Videocassetta: Avo Film Home Video.
Horror
La moglie di un archeologo, grazie ai particolari poteri medianici di cui è dotata, in sogno vede assassinare il marito in una necropoli etrusca. Precipitatasi immediatamente sul posto del delitto, è costretta suo malgrado ad assistere a una serie di altri enigmatici e, apparentemente, satanici assassinii.

"Documentari" sugli etruschi

Gli etruschi e il mare
Italia, 1987
Regia: Massimo Becattini
(Durata: 60')
Videocassetta: Starlight-Airone Video

Gli etruschi - Alba d'Italia
Italia, 1988
Regia: Folco Quilici e Marino Maranzana
(Durata: 40')
Videocassetta: Mondadori Video.

Gli etruschi - Misteri e tesori
Italia, 1988
Regia: Folco Quilici e Marino Maranzana
(Durata: 40')
Videocassetta: Mondadori Video

Gli etruschi - Una terra una gente
Italia, 1988
Regia: Folco Quilici e Marino Maranzana
(Durata: 40')
Videocassetta: Mondadori Video

Giuseppe Colangelo

Itinerario etrusco

Dal delta del Po fino all'area vesuviana, ma soprattutto nello splendido triangolo disegnato dall'Arno, dal Tevere e dal mar Tirreno, si snoda uno dei più affascinanti itinerari archeologici della penisola, che tocca luoghi molto noti e altri del tutto sconosciuti.

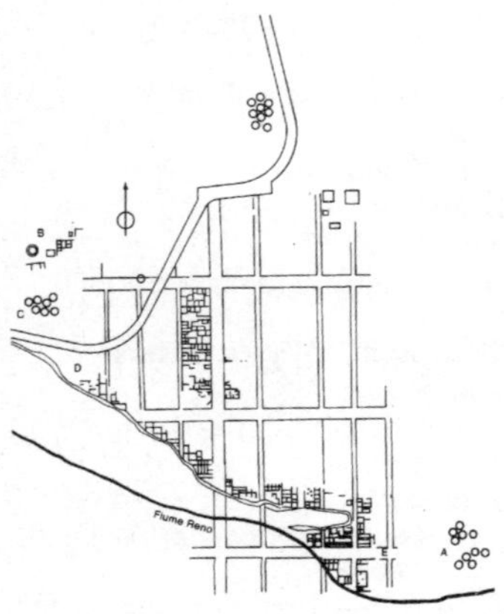

Marzabotto, pianta della città etrusca.

Questa piccola rassegna dei luoghi etruschi segue un ordine geografico (da nord a sud) e attraversa cinque regioni: Emilia-Romagna, Toscana, Umbria, Lazio e Campania.

Spina (Ferrara)

Era edificata su palafitte delle quali sono rimasti parte dei pali di sostegno conficcati nel terreno. L'importanza della città era dovuta essenzialmente all'ampiezza dei traffici commerciali cui essa faceva capo. Gli scavi delle estese necropoli circostanti ci hanno lasciato una notevole quantità di ceramiche attiche e altri oggetti d'importazione, oltre a prodotti di bronzistica e di oreficeria etrusca.

Ferrara

Il *Museo archeologico nazionale* (indirizzo: via XX Settembre 124, tel. 0532/66299) è attualmente chiuso per restauri; riaprirà forse nel 1994. Raccoglie i reperti delle tombe di Spina. Fra le ceramiche greche prevalgono i vasi a figure rosse, fra i quali spiccano la *pelike* con leone e leonessa, attribuita al cosiddetto "pittore di Berlino" (500 a. C.) e un cratere a calice con gigantomachia del ceramista Polignoto (460-430 a.C.).

In una delle sale a pianterreno sono esposte due imbarcazioni, ricavate da tronchi d'albero, che servivano per la navigazione nei canali lagunari.

Marzabotto

A differenza delle altre città etrusche si stendeva su un vasto pianoro privo di difese naturali. Sorta alla fine del VI secolo, la città che sorgeva nei pressi dell'odierna Marzabotto è stata largamente indagata a partire dalla

metà dell'Ottocento, ed è senza dubbio l'abitato etrusco che conosciamo meglio. Organizzata ortogonalmente, ha le strade disposte secondo un rigido orientamento astronomico. Gli isolati, ancora ben visibili, erano occupati da abitazioni e da impianti manifatturieri, mentre non si conosce ancora l'area che accoglieva gli edifici pubblici.
Le necropoli, disposte all'esterno dell'area urbana, includono tombe a inumazione (a fossa e a cassone) e a incinerazione (a pozzetto, con cinerario di ceramica).

Il *Museo etrusco Pompeo Aria* (via Porrettana Sud 13; orari: martedì- venerdì 9.00-14.00; sabato e domenica 9.00-13.00; 15.30-19.00; chiuso il lunedì) fu costituito nel 1886 ed è stato profondamente rinnovato nel 1979. Si articola in due sezioni: una raccoglie i materiali dei vecchi scavi, l'altra ordina tipologicamente i reperti provenienti dagli scavi recenti della città. La visita al museo consente di vedere alcuni spaccati di vita quotidiana di una città etrusca, sia pure di modeste dimensioni. Tracce non marginali della civiltà etrusca si trovano anche in altre località padane, come Ravenna e Bagnolo di San Vito (Mantova).Il museo archeologico di Bologna conserva reperti significativi.

Firenze

Il *Museo Archeologico* di Firenze (via della Colonna ang. via G. Capponi, tel. 055/2478641; orario: feriali 9.00-14.00; festivi 9.00-13.00; chiuso il lunedì) è, insieme al Museo Nazionale di Villa Giulia, il più importante museo archeologico italiano per l'arte etrusca. Sistemato dalla fine dell Ottocento nel palazzo della Crocetta, raccoglie materiali provenienti prevalentemente da scavi e scoperte nell'Etruria settentrionale. La sezione topografica, formata ai primi del Novecento da L.A. Milani, è attualmente chiusa a causa dei danni provocati dall'alluvione del 1966. Tra i capolavori esposti nelle sale del Museo segnaliamo: il *vaso François*, grande cratere a figure nere di Ergotimos e Klitia (570 a.C.), rinvenuto nei pressi di Chiusi nel 1844; i tre celebri bronzi, ritrovati alla metà del Cinquecento, che facevano parte della collezione dei Medici; la *Chimera* di Arezzo (IV secolo a.C.), la statua di Aule Meteli (il cosiddetto *Arringatore*, I secolo a.C.) e la *Minerva* di Arezzo, copia romana in bronzo di un'originale, sempre in bronzo, di età ellenistica. Fra le statue funerarie, la cosidetta *Mater Matuta*, importante documento della scultura arcaica chiusina. Sempre da Chiusi, il sarcofago in terracotta policroma di *Larthia Seianti* (II secolo a.C.). Nella sala dedicata alle urne di alabastro volterrane si può ammirare un sarcofago in marmo dipinto decorato con scene di amazzonomachia (seconda metà del IV secolo), da Tarquinia.

Il museo conserva inoltre un'importante raccolta di bronzetti dall'età villanoviana all'epoca romana e numerosi esempi di ceramiche greche ed etrusche. Nel giardino sono state ricostruite alcune tombe, fra le quali quella di Casal Martino (VII-VI secolo a.C.), a pianta circolare con pilastro centrale, e la cosiddetta *Tomba del diavolino I* da Vetulonia.

Quinto Fiorentino

In località *Quinto Fiorentino* (tra Firenze e Sesto Fiorentino) si trovano due tombe di stile orientalizzante.

La tomba della Montagnola (viale Rosselli 95), scavata nel 1957, è della fine del VII secolo, e sorge all'interno di un gigantesco tumulo di circa 70 metri di diametro, delimitato alla base da lastre di pietra calcarea. La tomba è formata da un lungo *dromos* [corridoio] dal quale si accede alla camera sepolcrale a *tholos* [cupola], con pilastro centrale e copertura a pseudocupola. Le pareti erano ricoperte da un sottile strato di argilla sul quale sono state trovate tracce di pittura.

Poco distante, in via della Mula 11, si trova un altro tumulo coevo, incorporato in una villa e trasformato in cantina: la tomba della Mula, di dimensioni minori e senza il pilastro centrale. Entrambi i sepolcri possono essere visitati rivolgendosi ai proprietari dei rispettivi terreni.

Fiesole

Scavi e Museo archeologico (via Portigiani 1, tel. 055/59477; orario invernale: feriali e festivi 9.00-18.00; orario estivo: feriali e festivi 9.00-19.00; sempre chiuso il martedì). Fiesole esisteva probabilmente già nel VI-V secolo, ma assunse qualche importanza solo a partire dal III. Sono ancora visibili lunghi tratti di mura.

Gli scavi hanno messo in luce, nella zona nord della città, un tempio etrusco degli inizi del III secolo, formato da un profondo pronao e da un'unica cella con due *alae*. A nord del tempio si trovano il teatro di età augustea e il complesso delle terme dello stesso periodo. All'interno dell'area archeologica, recintata, un piccolo museo recentemente rinnovato conserva terrecotte architettoniche dagli scavi del tempio, stele e cippi in pietra serena tipici di Fiesole; inoltre, urne cinerarie di alabastro da Chiusi e Volterra, ceramiche arcaiche ed ellenistiche dall'Etruria settentrionale e lapidi di età romana.

Comeana-Montefortini-Artimino

Da Firenze, prendendo la SS 66 fino a Poggio a Caiano e deviando poi a sinistra, si raggiunge Comeana, dove sorgono due grandi tombe a tumulo. Della prima, in località Boschetti, si può vedere solo la camera sepolcrale, essendo stato distrutto il tumulo in seguito a lavori agricoli. La seconda (via di Montefortini 25) si presenta invece come un gigantesco tumulo del diametro di 70 metri. Un *dromos* di quasi 11 metri conduce a un vestibolo quadrangolare, dal quale si accede a una camera sepolcrale con copertura a pseudocupola.
Non molto distante si trova Artimino. Nel piccolo *museo* ospitato dall'omonima villa medicea (tel. 055/8718124) sono raccolti materiali provenienti dalle necropoli circostanti.

Arezzo

Nel *Museo Archeologico Caio Mecenate* (via Margaritone, tel. 0575/20882; orario: feriali 9.00-14.00, festivi 9.00-13.00; chiuso il lunedì) sono custoditi materiali provenienti da Arezzo e dal suo territorio. Ricordiamo fra l'altro i gioielli della necropoli di Poggio del Sole e un cratere a volute e figure rosse con scene di amazzonomachia, attribuito al ceramista attico Eufronio (fine del VI-inizio del V secolo a.C.). Notevole la raccolta di vasi.

Volterra

Volterra acquista rilievo storico solo

La Porta dell'Arco a Volterra.

verso la fine del V secolo a.C.; di conseguenza mancano sul suo territorio le grandi tombe del periodo tardo-orientalizzante. Gli scavi dell'acropoli hanno portato alla luce due edifici del II secolo, mentre della cinta muraria sono visibili pochissimi tratti. Dei monumenti della città antica restano la porta dell'Arco, il teatro romano e resti delle terme. Le vaste necropoli di età ellenistica che si estendono sotto la città hanno restituito innumerevoli tombe, delle quali solo alcune sono visitabili in località Ulimeto e Portone.
Il *Museo Guarnacci* (via don Minzoni 11, tel. 0588/86347; orario: dall'1 novembre al 15 marzo, 9.00-14.00; dal 16 marzo al 31 ottobre, 9.00-13.00; 15.00-18.30), costituito nel Settecento, conserva una considerevole raccolta di urne cinerarie di alabastro, databili dal IV al I secolo, materiali ceramici e bronzei e reperti protostorici villanoviani. Vi sono esposte anche le ricostruzioni di alcune tombe provenienti dalla necropoli delle Ripaie.

Cortona

Dell'antica città etrusca rimangono in piedi alcuni tratti delle mura di cinta. Tra Camucia e la SS Umbro-Casentinese si trovano i sepolcri più importanti di Cortona: i "meloni" di Camucia e la "tomba di Pitagora". Un altro tumulo, scoperto di recente, è ancora in fase di esplorazione.
Nel locale *Museo dell'Accademia Etrusca* (piazza Signorelli 8, tel.

0575/630415; orario: feriali e festivi, 9.00-13.00; 15.00-17.00; chiuso il lunedì) sono conservati ossari, urne cinerarie, vasi, statuette. Il reperto più celebre è una gigantesca lucerna multipla in bronzo di 80 cm di diametro, decorata con il volto di una Gorgone.

Murlo

Sulla collina di Poggio Civitate, a pochi chilometri da Vescovado di Murlo (Siena), sorgeva un complesso monumentale quadrangolare che occupava un'area di circa 3600 mq. Il complesso fu distrutto verso la fine del VI secolo d.C., e oggi non restano che pochi muri di fondazione, costruiti con grossi ciottoli.

Il materiale reperito durante gli scavi è molto abbondante: statue di terracotta raffiguranti personaggi con barba all'orientale, antefisse, lastre architettoniche appartenenti al palazzo ecc. Curiose le statue-acroterio di figure maschili assise sul trono, e i loro caratteristici cappelli conici a larghe falde rialzate, anticipazione involontaria dei *sombreros* messicani.

L'*Antiquarium di Poggio Civitate* (piazza della Cattedrale, tel. 0577/814099; orario di apertura: feriale 9.30-12.30; 14.30-17.30; festivo 9.30-12.30; 15.00-18.00; chiuso il lunedì), costituito di recente, raccoglie il materiale rinvenuto nel corso degli scavi.

Perugia

Del periodo etrusco restano lunghi tratti della cinta muraria, con parte più o meno integrate da interventi successivi: l'Arco Etrusco e soprattutto la Porta Marzia, ancora in buone condizioni; le due testine sui lati rappresentano forse le divinità tutelari di *Perusia*. La necropoli del Palazzaccio ospita fra l'altro il celebre ipogeo dei Volumnii, tomba gentilizia di età ellenistica formata da un ampio locale ricco di sarcofagi, da cui si accede alla camera sepolcrale. Sono inoltre visitabili l'ipogeo di San Manno (in località Ferro di Cavallo) e quello di Villa Sperandio.

Il *Museo Archeologico Nazionale dell'Umbria* (piazza G. Bruno 10, tel. 075/5727141; orario: feriali 9.00-13.30; 14.30-16.00; festivi 9.00-13.00) conserva materiali preistorici e protostorici, numerose urne biconiche villanoviane, cippi e lapidi provenienti dal territorio circostante. Il reperto più importante è il cosiddetto *cippo di Perugia*, con un'iscrizione di 46 righe incisa su entrambe le facce.

Chiusi

Nel *Museo archeologico* (via Porsenna, tel. 0578/20177; orario: feriali, 9.00-13.40; festivi, 9.00-12.40), di recente ampliato, si trovano soprattutto antichità locali. Importante la collezione di canopi, fra i quali il celebre *cinerario Gualandi*. Molte le sculture arcaiche in travertino e pietra fetida, e numerosi i sarcofagi di alabastro, fra i quali quello di Lars Sentinate Larcna.

Una sezione del Museo è dedicata ai falsi ottocenteschi. Fra le tombe delle necropoli circostanti celebri sono la *tomba* dipinta *della Scimmia* – non più visitabile a causa di un crollo recente - e quella del Colle. Rivolgendosi al museo si può visitare la *tomba della Pellegrina*.

Populonia

Era l'unica, fra le grandi città

etrusche, ad affacciarsi sul mare.
Si possono vedere alcuni tratti delle mura di cinta e un grande pozzo in blocchi di pietra, detto di Santa Caterina. Nella piana che si stende fra la città antica e il Poggio delle Granate (località Il Casone, San Cerbone e La Porcareccia) si trovano le necropoli del VII-VI secolo. A San Cerbone si segnalano la *tomba dei Carri* (del tipo a tamburo cilindrico), quella *delle Pissidi* cilindriche e la *tomba delle Tazze attiche*, dove sono state rinvenute alcune kylikes del V secolo.

Nell'adiacente necropoli del Casone si trovano alcune tombe ad alto tumulo: la *tomba dei Colatoi*, quella *delle Porte chiuse* e, non molto distante, la *tomba del Bronzetto di offerente*. Nella necropoli della Porcareccia troviamo la celebre *tomba dei Flabelli*, nel cui corredo, ricchissimo, spiccano i tre flabelli di bronzo che le hanno dato il nome. In località Buca delle Fate si intravedono, tra la vegetazione, alcune tombe di età ellenistica.

Il *Museo Gasparri* (feriali e festivi: 9.00-12.30; 13.30-18.00) ospita materiali provenienti dalle varie necropoli. Notevoli i corredi delle Tombe delle arpie e dell'aryballos piriforme.
Reperti minori si trovano anche nell'isola d'Elba e in Corsica.

Vetulonia

La città sorgeva su un colle dalla forma irregolare, dove restano scarse tracce dell'antica cinta muraria. La necropoli ospita alcuni tumuli della metà del VII secolo, in particolare la cosiddetta *tomba del Diavolino II* (per la *tomba del Diavolino I* v. pag. 177) e il tumulo della Pietrera, la più grande tomba vetuloniense, formata da due camere sovrapposte.
La maggior parte del materiale archeologico reperito durante gli scavi del secolo scorso è conservato nel Museo Archeologico di Firenze.
Il piccolo *antiquarium* del paese, che raccoglieva antichità locali, è stato chiuso 15 anni fa in seguito a un furto.

Roselle

È stata una delle città della dodecapoli etrusca. Sottomessa dai romani agli inizi del III secolo a.C., fu abbandonata definitivamente solo nel 1138. Proprio questa continuità abitativa ha impedito la conservazione di testimonianze significative della civiltà etrusca; restano tuttavia le mura ciclopiche, che si estendono per quasi tre chilometri. Gli scavi degli ultimi trent'anni hanno riportato alla luce edifici e strutture di età romana. I materiali rinvenuti nel corso delle campagne di scavo sono custoditi al *Museo archeologico di Grosseto*, chiuso per ristrutturazione: fino al 1995.

Orvieto

Dell'abitato etrusco resta solo il tempio del Belvedere, che ha restituito pregevoli terrecotte architettoniche; si trova nei pressi del cosiddetto pozzo di San Patrizio, una grande e profonda cisterna romana. Due sono le necropoli principali di Orvieto: quella del Crocifisso del Tufo, a nord, e la Cannicella, a sud. La prima è formata da tombe a dado, poste l'una a fianco dell'altra lungo le vie sepolcrali che si intersecano ad angolo retto. Alla Cannicella prevalgono invece le tombe a camera.

Sul poggio dei Settecomuni ricordiamo la *tomba Golini*; i suoi affreschi, ora staccati, sono conservati nel Museo archeologico di Firenze.

Nel *Museo Farina* (Palazzo dei Papi, piazza Duomo, tel. 0763/41039; orario: feriali 9.00-13.30; 15.00-18.00; festivi 9.00-13.00) si trovano le terrecotte architettoniche del tempio del Belvedere, la cosiddetta *Venere* di Cannicella e vasi attici a figure rosse e nere.

Sovana

Dell'antica città si conservano solo le tombe monumentali, sparse tutt'intorno nella campagna, nei pressi dell'abitato moderno. Sono per la maggior parte sepolcri scavati nel tufo, del tipo a camera, a cassone e a tempio. La più famosa è la *Tomba Ildebranda*, così chiamata in omaggio al figlio più illustre della cittadina, Ildebrando da Soana, papa Gregorio VII: si tratta di un'imponente costruzione a struttura templare di età ellenistica, della quale restano, in grossi frammenti, le colonne. Non molto distanti, seminascoste dalla vegetazione, sorgono le tombe del Tifone, del Sileno e la tomba Pola, tutte in cattivo stato di conservazione.

Una visita a Sovana non è completa se non si percorre qualche tratto delle cosiddette "vie cave", le suggestive stradine scavate nel tufo che collegavano la città con gli insediamenti minori.

Saturnia

I resti della città – tra i quali un'importante e ben conservata cinta muraria e una porta monumentale – sono di età romana. Di epoca etrusca si conoscono solo le necropoli, frequentate fin dall'età villanoviana, che hanno restituito solo modesti corredi. Alcune tombe a tumulo del VII secolo sorgono in località Pancotta, mentre sul Pian della Palma si vedono i resti di tumuli a camera bipartita costruiti con scaglie di pietra.

Acquarossa-Ferento

L'esplorazione del sito di *Acquarossa*, iniziata nel 1966 da una missione svedese, ha riportato alla luce l'impianto urbano della città, con resti di abitazioni databili fra la metà del VII secolo e la metà del VI. Insieme a Marzabotto Acquarossa è uno dei pochi esempi di "città dei vivi" esistenti in Etruria. Durante gli scavi sono state rinvenute numerose e interessanti terrecotte architettoniche e votive.

Quasi di fronte ad Acquarossa si possono vedere i resti della città etrusco-romana di *Ferento*, sorta nel IV secolo a.C. dopo la distruzione di Acquarossa e abbandonata solo nel 1172. L'area urbana era protetta da una cinta muraria, in parte ancora visibile. Le testimonianze romane

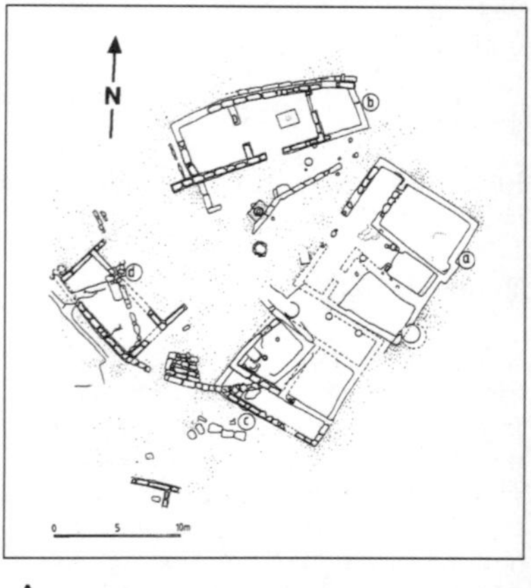

Acquarossa, rilievi di alcune abitazioni.

sono piuttosto consistenti: oltre ai resti del decumano e, a tratti, di altre strade, possiamo vedere il teatro (di epoca augustea, ampiamente restaurato) e le terme (età dei Flavi).

Tuscania

Il sito su cui sorgeva l'antica Tuscania non è stato ancora identificato con esattezza: sono affiorati solo alcuni resti di età romana. Le necropoli, frequentate dall'età arcaica a quella tardo-ellenistica, si estendono per un raggio di due o tre chilometri. La necropoli della Peschiera è la più importante: vi si può vedere un'eccezionale tomba rupestre a dado in forma di casa (I metà del VI secolo), unico esempio in Etruria. Nella necropoli della Madonna dell'Ulivo si può invece ammirare la cosiddetta *Grotta della Regina*, con una planimetria assai complessa formata da una serie di gallerie, paragonabile alle tombe della Cuccumella di Vulci.

Le tombe gentilizie di Tuscania hanno inoltre restituito un considerevole numero di sarcofagi (27 il sepolcro dei Vipiniana, addirittura 50 quello degli Statiane). Il locale *Museo civico archeologico* (piazza Madonna del Riposo, tel. 0761/436209; orario: feriali e festivi, 9.00-13.30; 14.30-18.00; chiuso il lunedì) conserva buona parte dei materiali rinvenuti nelle necropoli.

Vulci

L'abitato di Vulci si estendeva su una superficie di circa 90 ettari, scavata finora solo in minima parte. Fra i resti venuti alla luce, per lo più di età romana, ci sono i resti di un tempio, i portici di una casa gentilizia e un sacello dedicato a Ercole.

Le necropoli si estendono per tutta la campagna circostante. È consentito visitare solo un certo numero di tombe e si può farlo solo se accompagnati da un custode. Celebre la *tomba François* (seconda metà del IV secolo a.C.), caratterizzata da una planimetria molto complessa (v. pag. 156). Gli affreschi che ne decoravano le pareti sono stati staccati e si trovano attualmente nella collezione Torlonia di Villa Albani, a Roma. Non lontano, la *tomba dei Tute* e quella *dei Tarna*. Infine, sul pianoro di Ponte Rotto si può visitare il grande tumulo della Cuccumella.

I materiali provenienti dagli scavi dell'area urbana sono esposti nel piccolo museo collocato nel suggestivo castello della Badia, costruzione medievale con aggiunte cinquecentesche. Si tratta del *Museo nazionale vulcente* (Castello della Badia, tel. 0761/437787; orario: feriali e festivi, 9.00-14.00; 14.30-18.00, inverno 16.00; chiuso il lunedì), che conserva anche numerosi vasi di fabbricazione locale e sculture in nenfro di animali (VII-VI secolo a.C.).

Le necropoli rupestri

A ovest di Viterbo, su un pianoro tufaceo, si estende l'ampia zona delle necropoli rupestri. Si tratta di tombe a dado scavate nel tufo, di età prevalentemente ellenistica.

Le necropoli di *Norchia* (città etrusca nota a partire dall'VIII secolo con il nome di *Orcla* di cui oggi non rimane più nulla) sono di gran lunga le più importanti. Si trovano lungo le valli del fiume Biedano e dei suoi affluenti Acqualta e Pile. In alto, scavate sul costone della valle, sorgono le tombe delle famiglie più ricche, a dado con sottofacciata; in basso le sepolture a dado semplice. Tra le numerose tombe si ricordano, nella valle del Pile, la *tomba delle tre teste*, la *tomba Ciarlanti* e la *Tomba a camino*; lungo la valle dell'Acqualta due grandi tombe a tempio del III secolo a.C., in cattivo stato di conservazione.

A pochi chilometri da Viterbo, una strada che costeggia per un tratto la superstrada per Tarquinia conduce alla necropoli di Castel d'Asso, lungo la valle del fiume Freddano. I suoi sepolcri non sono imponenti né numerosi come quelli di Norchia: notevoli, comunque, la *tomba Orioli* e la *tomba Grande*.

Sempre da Viterbo, prendendo la Cassia verso sud, poco oltre Vetralla una strada secondaria ci porta a Blera e a San Giuliano. A differenza delle altre città dell'area delle necropoli rupestri, *Blera* si sviluppò in età arcaica; le sue tombe furono riutilizzate in età ellenistica. La necropoli meglio conservata si trova in località Pian del Vescovo; tra le numerose tombe si segnalano la *Grotta dipinta* – con tracce di affreschi e colonna centrale – e il *Tumulo della sfinge*, così chiamato per la presenza, al suo interno, di una scultura in nenfro raffigurante una sfinge, conservata al Museo Civico di Viterbo.

A circa quattro chilometri a nord di Blera si trova la neropoli di *Grotta Porcina*, con i resti di un grande tumulo di tipo ceretano (cioè con tre camere in asse, sul tipo delle tombe di Cerveteri) del VI secolo a.C., un altare rupestre di forma cilindrica, molto danneggiato, e altre tombe a camera che testimoniano la presenza sul luogo di un piccolo centro in età arcaica.

Pochi chilometri a sud, presso Barbarano Romano, sorgono le necropoli di *San Giuliano*, con tombe della stessa tipologia. La zona di *San Giovenale*, a sud-ovest di Blera, chiude il circuito delle necropoli rupestri.

Tarquinia

Era una delle massime città etrusche: raggiunse l'apogeo della potenza e della ricchezza in età orientalizzante e arcaica. Dell'antico abitato restano alcuni tratti delle mura di cinta.
La visita della città inizia dal *Museo nazionale* (al quale, peraltro, bisogna rivolgersi se si vuole accedere alle tombe dipinte della necropoli di Monterozzi).

Fondato nel 1924, il Museo nazionale Etrusco ha sede nel quattrocentesco palazzo Vitelleschi (tel. 0766/856036; orario: feriali e festivi 9.00-14.00; chiuso il lunedì). Qui si ammirano alcuni dei più celebri capolavori dei ceramisti attici, insieme a ceramiche di produzione locale, e gli affreschi provenienti dalla necropoli di Monterozzi (in particolare dalle Tombe delle olimpiadi, del triclinio, delle bighe, del letto funebre, della scrofa nera e della nave). In una saletta adiacente le scale è collocato l'altorilievo con una coppia di cavalli alati, che un tempo decorava il frontone del tempio dell'Ara della Regina. Una curiosità: per molti anni abbiamo visto la loro immagine, rovesciata, sui francobolli per gli espressi.

La *necropoli di Monterozzi* contiene centinaia di tombe, dipinte e non, delle quali solo alcune sono visitabili. Tra le più celebri si segnalano le Tombe del cacciatore, della caccia e della pesca, degli auguri, dei tori, del barone, della pantera e dei leopardi. Attraverso un sentiero situato a ovest della città si raggiunge la zona dell'Ara della Regina: qui sorgono i resti di uno dei più grandi templi etruschi finora conosciuti.

Civita Castellana

Se, all'uscita di Magliano Sabina dell'A1 si prende la SS3 Flaminia in direzione Roma, si giunge dopo circa 10 chilometri a Civita Castellana. Dell'antica *Falerii Veteres* si conservano solo alcuni tratti di mura e vari cunicoli scavati nella roccia. I reperti delle campagne archeologiche condotte nel primo Novecento si trovano a Roma, nel Museo di Villa Giulia (v. pag. 186). Sono ancora visibili alcune tombe a pozzo, a fossa e a camera.

Nell'*Antiquarium Nazionale* (via del Forte 86, tel. 0761/53735; orario invernale: martedì, mercoledì e venerdì 14.00-17.00, giovedì 9.00-12.00; 14.00-17.00; sabato e domenica 9.00-12.00; orario estivo: feriali 9.00-17.00, festivo 9.00-13.00. Chiuso il lunedì) sono conservati i frutti degli scavi più recenti, fra cui numerosi vasi falisci e terrecotte architettoniche votive.

I monti della Tolfa

I più importanti insediamenti di quest'area risalgono all'Età del bronzo: sul monte Ravello sono state trovati fondi di capanna e vasellame di epoca villanoviana. L'età etrusca ha invece lasciato vaste necropoli con tombe a camera in lastroni di pietra: costruite fra il VII e il V secolo, furono riutilizzate in età ellenistica.

Nel piccolo *Antiquarium civico* del paese di Allumiere (piazza della Repubblica, tel. 0766/96122; orario: dal martedì alla domenica 9.00-13.00; chiuso il lunedì) sono esposti materiali provenienti dagli scavi delle necropoli di monte Ravello e del Colle di Mezzo, oltre ad alcune terrecotte architettoniche.

Cerveteri

Dell'antico abitato resta ben poco, appena qualche tratto delle mura di cinta. La ricchezza archeologica di Cerveteri risiede invece nelle sue imponenti necropoli: della Banditaccia a nord, del Sorbo a ovest, del monte Abetone a sud.

La necropoli della Banditaccia è di gran lunga la più importante e la più studiata; tra le Tombe più celebri segnaliamo quelle delle iscrizioni, dei sarcofagi, del triclinio, dei rilievi, dei capitelli.

Nella necropoli del Sorbo (usata solo in età arcaica) si trova la tomba Regolini-Galassi, una delle prime esplorate: il suo ricchissimo corredo è esposto a Roma, nel Museo Etrusco Gregoriano.

La necropoli del Monte Abetone non ha molti sepolcri visitabili; per il loro particolare rilievo nella storia della ricerca archeologica ricordiamo le due tombe Campana e la Torlonia. Il *Museo Nazionale* (Castello, tel. 06/9941354; orario: feriali e festivi, 9.00-14.00; chiuso il lunedì), inaugurato nel

Idria di terracotta a figure nere proveniente da Cerveteri.

1967, è sistemato su due piani del Castello di Cerveteri. Accoglie i corredi di alcune tombe nonché varie lastre dipinte e terrecotte architettoniche provenienti dagli scavi delle necropoli.

Veio

Era la città etrusca più vicina a Roma. La si raggiunge attraverso la via Cassia (SS2) seguendo la deviazione per Isola Farnese.

Della città antica restano alcuni tratti della cinta muraria e tracce delle porte. Sull'acropoli (piazza d'armi) si scorgono i resti di una piattaforma di tufo che potrebbe essere il basamento del tempio di Giunone. Al centro della collina continuano gli scavi, che finora hanno riportato alla luce un vasto settore dell'abitato.

A metà strada tra l'antica Veio e Isola Farnese si trovano i ruderi del santuario del Portonaccio, dove vennero alla luce numerose e importanti statue di terracotta, prima fra tutte l'*Apollo* detto "di Veio", opera del celebre coroplasta Vulca, oggi esposto a Roma nel Museo di Villa Giulia. Delle necropoli sono visitabili solo alcune tombe, fra le quali quella delle Anatre – la più antica tomba etrusca dipinta che conosciamo, risalente al secondo quarto del VII secolo – e la tomba Campana, scavata nel secolo scorso, con decorazioni dipinte il cui stile induce a collocarla alla fine del VII secolo. Interessante anche la necropoli villanoviana dei Quattro Fontanili; nei pressi, alcuni colonnati romani.

Roma

Il *Museo gregoriano etrusco* (Città del Vaticano, tel. 06/6983041; orario: lunedì-sabato 8.45-13.30; aperto anche l'ultima domenica del mese) fu istituito nel 1837 da Gregorio XIV per raccogliere i materiali provenienti dalle scoperte e dagli scavi nei territori dell'Etruria meridionale. Fra i numerosi e importanti reperti segnaliamo: una coppia di leoni funebri (Vulci); un sarcofago della Tomba dei sarcofagi (Cerveteri); il corredo della tomba Regolini-Galassi; la statua del guerriero detto *Marte di Todi*. La collezione Guglielmi è composta di vasi provenienti in prevalenza da Vulci, di oreficerie e gioielli della stessa provenienza. Fra le terrecotte architettoniche e votive da Cerveteri spicca un acroterio angolare a forma di cavallo alato.

Da non perdere la visita al *Museo nazionale di Villa Giulia* (piazzale di Villa Giulia, tel. 06/3201706; orario: martedì giovedì, venerdi e sabato 9.00-14.00; mercoledì 9.00-19.00; domenica 9.00-13.00; chiuso il lunedì). Costituito nel 1889, è una tappa fondamentale per la conoscenza dell'arte etrusca. Comprende materiali che vanno dal villanoviano fino all'età ellenistico-romana, prevalentemente da Pyrgi, Vulci, Bisenzio, Veio, Cerveteri e il Lazio in generale. Da Vulci provengono due sculture sepolcrali arcaiche di nenfro, un centauro e un giovane che cavalca un ippocampo. Da Pyrgi i reperti dello scavo del santuario: frammenti di statue fittili, antefisse, acroteri, ceramiche architettoniche. In una vetrina, nella sala di Pyrgi, si trova la riproduzione galvanoplastica delle tre lamine d'oro, della fine del VI secolo (gli originali sono in cassaforte) con iscrizioni in etrusco e punico, documento basilare per lo studio della lingua etrusca. Dal santuario del Portonaccio di Veio possiamo ammirare una delle più famose statue etrusche in terracotta, il cosiddetto

Apollo di Veio, opera di Vulca (fine del VI secolo) e una bellissima testa di Hermes dello stesso periodo. Sempre da Veio, un'antefissa con teste di Gorgone e ceramiche architettoniche. Da Cerveteri proviene il celebre gruppo degli Sposi (520 a.C.): un uomo a torso nudo e una donna giacenti su una cassa che imita un letto di legno. Il museo ha inoltre ereditato numerose collezioni private, tra le quali quelle Barberini e Castellani, quest'ultima celebre per le sue oreficerie, purtroppo non tutte esposte.

Campania

Dal 1988 si scava nel comune di Pontecagnano, nel Salernitano, dove già negli anni Cinquanta erano state trovate molte tombe con splendidi corredi funerari. Si è giunti quindi alla conclusione che questa località fu una base marittima e uno scalo per le navi etrusche provenienti dall'Etruria o per i commerci che interessavano il Tirreno (tracce etrusche sono state trovate a Lipari, nelle Eolie, e in Corsica).

Le testimonianze riapparse a Pontecagnano partono dall'età villanoviana (IX secolo a.C.), anche se il periodo di massimo splendore fu tra il VII e il IV secolo a.C.: si tratta di più di 200.000 pezzi, tra cui molti gioielli d'oro e d'argento, che sono in attesa di una degna sede museale.

Attualmente sono visibili nel locale *Museo Nazionale dell'Agro picentino* (orario: 9-14; festivi 9-13; chiuso il lunedì). Pontecagnano si trova sulla strada statale Salerno-Battipaglia.

Testimonianze significative della presenza etrusca nell'area campana sono ritrovabili in numerose città, come Capua, Nola, Nocera, Pompei.

Franco Biondi

Perugia, Porta Marzia in una foto ottocentesca.

CRONOLOGIA

XIII secolo a.C.	Arrivo leggendario dei lidii, guidati da Tirreno, in Etruria.
IX-VIII secolo	Civiltà villanoviana.
VII secolo	Civiltà orientalizzante.
616-578	Regno di Tarquinio il Vecchio a Roma.
578-534	Regno di Servio Tullio (Mastarna) a Roma.
535 ca	Battaglia di Alalia (vittoria di Caere, alleata di Cartagine, sui focesi).
534-509	Regno di Tarquinio il Superbo a Roma.
509-506	I Tarquinii vengono espulsi da Roma. Guerra fra Porsenna, re di Chiusi, e Roma; Porsenna si impadronisce dell'Urbe. Aristodemo di Cuma sconfigge Porsenna ad Ariccia.
477	Guerra fra Roma e Veio; i Fabii vengono decimati al Cremera.
474	Sconfitta navale degli etruschi a Cuma a opera della flotta siracusana. Gerone I invia offerte votive al santuario di Olimpia.
428	Nuova guerra fra Roma e Veio; vi rimane ucciso il re etrusco Lars Tolumnius.
415-413	Alcune navi etrusche partecipano alla spedizione ateniese contro Siracusa.
396	Fine dell'assedio di Veio, presa dalle truppe romane del dittatore Furio Camillo.
384	Dionigi di Siracusa fa saccheggiare Pyrgi.
357-354	Roma attacca gli etruschi e i falisci; assedio di Sutri.
351	Tregua di quarant'anni fra Roma e Tarquinia.
310	Guerra di Roma contro gli etruschi, alleati dei sanniti.
308	Sottomissione di Tarquinia; tregua di quarant'anni.
302	Vittoria romana sugli etruschi di Roselle.
295	I romani sbaragliano i galli e gli etruschi a Sentinum.
284	Rivolta di Arezzo.
280	I romani prendono Vulci. Tito Coruncanio celebra il trionfo in seguito alla vittoriosa campagna contro Vulci e Volsinii.
273	Fondazione della colonia latina di Cosa sul territorio di Vulci.
265-264	I romani conquistano e distruggono Volsinii, la cui popolazione viene deportata a Bolsena.
241	Distruzione di Falerii e deportazione dei suoi cittadini.
205	Contributo delle città etrusche alla spedizione di Scipione l'Africano nel corso della seconda guerra punica.
196	Rivolta servile in Etruria.
186	Repressione del culto di Bacco.
183	Fondazione della colonia romana di Saturnia.
181	Fondazione della colonia romana di Graviscae.
90-88	Guerra sociale; l'Etruria ottiene il diritto di cittadinanza romana.
82	Silla confisca parte del territorio di Chiusi, di Arezzo, di Fiesole e di Volterra e vi insedia come coloni i propri veterani.
42	Perugia, in cui si sono rifugiati i partigiani di Marco Antonio, viene assediata e distrutta da Ottaviano.

INDICE DELLE ILLUSTRAZIONI

28 (in basso) *Ercole e Tusco*, incisione dal *Museum étrusque de Lucien Bonaparte, prince de Canino*, da Viterbo, 1829. © Bibliothèque nationale, Parigi
29 Incisioni dal *Museum étrusque*, cit. © Bibliothèque nat., Parigi.
30-31 Affresco di tomba chiusina del V secolo a.C. © Scala, Firenze.
32 (in alto) Grande fibula aurea (670-650 a.C.). Chiusi, Museo Archeologico. © Scala, Firenze.
32 (in basso) Braccialetti dalla tomba Regolini-Galassi (650 a.C. ca.). Città del Vaticano, Museo gregoriano etrusco. © Scala, Firenze.
33 Sarcofago degli Sposi, terracotta dalla necropoli di Cerveteri (500 a.C.) Parigi, Louvre.© Réunion des Musées nationaux, Parigi.
34-35 (in alto) *La tomba della Querciola*, incisione in E.C. Hamilton Gray, *Tour to the Sepulchres of Etruria in 1839*. © Bibliothèque nationale, Parigi.
35 (in basso) *Avanzi di un edifizio... a Todi*, da G. Micali, *L'Italia vanti il dominio dei Romani*, Milano, 1821. © Bibliothèque nationale, Parigi.
36-37 J. Ainsley, *La tomba dei Rilievi nella necropoli di Cerveteri*, acquarello (1846-1847).© British Museum, Londra.
38-39 J. Ainsley, *La tomba della Mercareccia a Corneto Tarquinia*, acquarello (1846-1847). British Museum, Londra. ©
39 J. Ainsley, *Tomba in Toscana*, acquarello (1846-1847). Londra, British Museum.
40 (in alto) Testa di Ermes raffigurata sul rovescio di uno specchio in bronzo.© F. M. Ricci editore, Milano.
40 (in basso) La nascita di Minerva raffigurata sul rovescio di uno specchio in bronzo. Bologna, Museo civico.© Scala, Firenze.
41 Eracle insieme a una Nike, raffigurazione sul rovescio di uno specchio. Parigi, Louvre. © Réunion des Musées nationaux, Parigi
42 (in alto) Iscrizione etrusca su bronzo. Orvieto, Museo civico. © Dagli-Orti, Paris Dos.
42 (in basso) *Veduta parziale della necropoli della Banditaccia*, illustrazione da G.Q. Gilioli, *L'Arte etrusca*, 1935. © Bibliothèque Doucet, Parigi, foto Pierre Pitrou.
43 Iscrizioni etrusche su lamine d'oro provenienti da Pyrgi (500 a.C.). Roma, Museo naz. di Villa Giulia. © Scala, Firenze.
44 Statua in terracotta di un personaggio seduto (570 a C.), da Murlo.© Agenzia fotografica Luisa Ricciarini, Milano.
45 Scoperta della statua di Apollo di Vulca nel 1916, foto da G.Q. Gilioli, *L'Arte etrusca*, cit. © Bibliothèque Doucet, Parigi, foto Pierre Pitrou.
46 Oggetti provenienti dalla tomba di Bufalareccia. Museo di Cerveteri. © Scala, Firenze.
47 Veduta del borgo medievale di Sorano, che sormonta una celebre necropoli rupestre.© Icona, Luciano Casadei, Roma.

Capitolo II
48 Canopo, VII secolo A.C. Chiusi, Museo Archeologico.© Scala, Firenze.
49 Fanciullo seduto, bronzetto. Città del Vaticano, Museo Gregoriano Etrusco. © F. M. Ricci editore, Milano.
50 Vaso in bucchero, incisione da *L'Italia avanti il dominio dei Romani*, cit., 1821. Firenze, Biblioteca Nazionale Centrale. ©
52 *Il ponte della Sadia a Vulci*, da G. Dennis, *The Cities and Cemeteries in Etruria*, 1848. Londra, British Museum. © Bibliotèque nat., Parigi.
53 *Contadino etrusco*, incisione da *Musei Etruschi*, 1842. © Bibliotèque nat., Parigi.
54 (in alto) Bruciaprofumi a corpo di uccello e testa di cervo, bronzetto dalla necropoli di Monterozzi (VIII secolo a.C.). © Dagli-Orti, Paris Dos.
54 (in basso) *Askos* a forma di bue, terracotta dalla necropoli di Monterozzi (VIII secolo a.C.) Tarquinia, Museo Nazionale. © Dagli-Orti, Paris Dos.
55 (in alto) Urna funeraria a forma di capanna proveniente dai Colli Albani (VII secolo a.C.). Roma, Museo della civiltà romana. © Dagli-Orti, Paris Dos.
55 (in basso) Urna villanoviana coperta da un elmo metallico, terracotta e lamina di bronzo

Capitolo III

Museo naz. di Villa Giulia. © Scala, Firenze.
86 Tomba della Caccia e della Pesca, affresco di Tarquinia (520-490 a.C.). © Dagli-Orti, Paris Dos.
87 Flautista, affresco dalla tomba dei Leopardi di Tarquinia (490 a.C.). © Archiv für Kunst und Geschichte, Berlino.
88 (in alto) Anfora con scena di pugilato. Vulci, tomba del Guerriero (VI secolo a.C.). Roma, Museo di Villa Giulia. © Artephot, Paris.
88 (in basso) Tombe etrusche, incisione ottocentesca. © Roger-Viollet, Parigi.
89 Scena erotica, affresco dalla tomba dei Tori a Tarquinia. © Scala, Firenze.
90 Sarcofago di Larthia Scianti, particolare della terracotta policroma da Chiusi. Firenze, Museo archeologico. © Dagli-Orti, Paris Dos.
91 (in alto) Antefissa raffigurante un volto femminile (VI secolo a.C.). Parigi, Louvre. © Giraudon, Parigi.
91 (in basso) Incisione dal *Museum Cortonense* (1750). Parigi, Bibliothèque nat.. ©

Capitolo IV
92 Sarcofago delle Amazzoni, particolare (fine del IV secolo a.C.). Firenze, Museo archeologico. © Giraudon, Parigi.
93 Sarcofago detto dell'Obeso (II secolo a.C.). Firenze, Museo archeologico. © Bibliothèque nat., Parigi.
94-95 Il porto di Cartagine (foto del primo Novecento). © Musée des Beaux-Arts di Rouen 94.
95 (in alto) Protome di cavallo, verso di moneta punica d'argento del IV secolo a.C. Palermo, Museo archeologico nazionale. © Roger-Viollet-Parigi.
96 Elmo di bronzo dedicato a Olimpia da Gerone di Siracusa dopo la sua vittoria del 474 a.C. sugli etruschi. Londra, British Museum. © Roger-Viollet, Parigi.
97 Guerrieri sanniti in marcia, affresco di Paestum (IV secolo a.C.). © Univers des Formes.
98 (in alto) Elmo di bronzo, da Todi. Roma, Museo naz. di Villa Giulia. © Scala, Firenze.
98 (in basso) Guerriero di bronzo, da Populonia. Firenze, Museo archeologico. © Scala, Firenze.
99 (in alto) Armatura di bronzo. Città del Vaticano, Museo gregoriano etrusco. © Scala, Firenze.
99 (in basso) Fibula di bronzo inciso, dalla tomba Benucci. Bologna, Museo civico. © Scala, Firenze.
100 Antefissa con testa di menade, da Veio (V secolo a.C.) Roma, Museo naz. di Villa Giulia. © Scala, Firenze.
101 Virgilio e due Muse, mosaico del III secolo a.C. Tunisi, Museo del Bardo. © Giraudon, Parigi.
102-103 Combattimenti leggendari fra etruschi e romani, affresco del IV secolo a.C. Roma, Villa Albani, coll. Torlonia. © Univers des Formes.
104 Particolare del coperchio di una cista in bronzo. Roma, Museo naz. di Villa Giulia. © Scala, Firenze.
105 (in alto) Testa di guerriero con elmo di tipo attico, ceramica dipinta (VI secolo a.C.) Roma, Museo naz. di Villa Giulia. © Dagli-Orti, Paris Dos.
105 (in basso) *Guerriero etrusco*, incisione da *Museum Cortonense* (1750), cit. © Bibliothèque nat., Parigi.

Capitolo V
106 Danzatrice, affresco dalla tomba delle Leonesse. Tarquinia, 550-520 a.C. © Dagli-Orti, Paris Dos
107 Dadi etruschi d'avorio rinvenuti nei dintorni di Vulci. Parigi, Bibliothèque nat., Cabinet des Medailles. ©
108 (in alto) Il ponte Sodo a Veio. © Bibliothèque nationale, Parigi.
108 (al centro) Gruppo bronzeo votivo, da Arezzo (IV secolo a.C.) Roma, Museo naz. di Villa Giulia. © Pasquale de Antonis, Roma.
108 (in basso) Anfora vinaria, da Montalto di Castro (VI secolo a.C.) Roma, Museo naz. di Villa Giulia. Artephot/Nimatallah
109 (in alto) Scavi di Marzabotto, veduta aerea. © Artephot/D.A.F.
109 (in basso) Pianta di una casa della IV Regione di Marzabotto (Mansue, 1963). © Credito italiano (Edition Scheiwiller, Milano), N.S.A. 1978
110 (in alto) Urna in pietra calcarea

Capitolo VI

Museo naz. di Villa Giulia. © Scala, Firenze.
124 (in basso) Testa di Zeus, terracotta policroma dal tempio di San Leonardo (fine del V secolo a.C.). Orvieto, Museo civico. © Dagli-Orti, Paris Dos.
125 Bacco, incisione da *Musei etruschi*, cit. Parigi, Bibliothèque Nat. ©
126 *Bacco*, incisione da *Museum Cortonense*, cit. © , Parigi, Bibliothèque nat.
127 Iscrizione bilingue etrusco-latina. Pesaro, Museo oliveriano. © Scala, Firenze.
128 Piastra di terracotta dipinta, da Caere (VI secolo a.C.). Parigi, Louvre. © Réunion des Musées nationaux, Parigi.

Testimonianze e documenti
129 Piede di candelabro etrusco (V sec. a.C.). Monaco, Staa.che Antikensammlungen. © Roger Viollet, Paris.
130 Tito Livio, incisione.
133 Scena di banchetto, part., terracotta da Acquarossa. Viterbo, Museo Civico. © Roger Viollet, Parigi.
134 Vaso di bucchero con iscrizioni da Vulci. Roma, Museo naz. di Villa Giulia. © Roger Viollet, Parigi.
135 Cippo di marmo con iscrizione da Gravisca. Tarquinia, Museo nazionale.
139 Incisione di G.B. Piranesi, in *Magnificenza et architettura de' Romani*, Roma 1761. Parigi, Bibl. nat. ©.
140 Lastra di pietra, part., Tarquinia, Museo nazionale.
141 Alfabeto etrusco.
143 Ipogeo dei Volumni, urna cineraria, part., Perugia.
144 Reperti di tomba a inumazione.
147 Distribuzione del gruppo sanguigno A in Italia, in *Medical Biology and Etruscan Origins*, Londra 1959.
148 Il carro di Adrasto, part. frontone di Talamone. Firenze, Museo archeologico.
150 a sinistra Canopo da Sarteano (VII sec. a.C.), Siena, Museo archeologico, ©.
150 a destra Canopo di terracotta con figura femminile. Firenze, Museo archeologico, ©.
151 a sinistra Canopo di bucchero. Firenze, museo archeologico, ©.
151 a destra Canopo di terracotta da Chiusi. Chiusi, Museo archeologico, ©.
152 a sinistra Canopo di Chiusi. Firenze, Museo archeologico, C.
152 a destra Canopo ricomposto (prima metà del VI sec. a.C.). Firenze, Museo archeologico, ©.
154 *Lo specchio di Peschiera*, incisione, in *Monumenti antichi*, 1914.
155 Antefisse di terracotta dal tempio dei Sassi Caduti di Civita Castellana. Roma, Museo naz. di Villa Giulia, ©.
156 Eroe etrusco, incisione da *Musei etruschi*, 1842. Parigi, Bibl. nat., ©.
157 Dipinto parietale, incisione da *Musei etruschi*, cit.
158 *Hypogaei or the Sepulchral Caverns of Tarquinia*, J. Byres, 1842. Londra, Victoria & Albert Museum, ©.
159 L'ipogeo dei Volumni, disegno di J. Ainsley, 1848. Londra, British Museum, ©.
160 Tomba della necropoli di San Cerbone (Populonia).
161 Tombe etrusche di Orvieto in una foto d'epoca.
162-163 Artisti che disegnano in un ipogeo, da *Hypogaei*, cit.
164 Il falsario A.Fioravanti nel suo studio, fotografia. D.R.
166 in alto La *Diana* etrusca in una foto degli anni Cinquanta.
166 in basso A. Dossena nel suo studio di Via Margutta a Roma, fotografia di W. Lusetti in *Alceo Dossena scultore*, Roma 1955.
167 Copertina di "Art News" 1953 con la falsa *Diana*.
168-169 *Warrior*. New York, Metropolitan Museum. © Roger Viollet, Parigi.
170 Corridoio della tomba Regolini-Galassi.
174 Locandina cinematografica del film *Assassinio al cimitero etrusco*, 1982.
176 Marzabotto, pianta della città, in *L'Italia prima di Roma*, S. Moscati, Milano 1987.
179 Volterra, Porta dell'Arco, da *L'Italia prima di Roma*, cit.
182 Acquarossa, rilievi di alcune abitazioni, da *L'Italia...*, cit.
185 Idria di terracotta a figure nere da Cerveteri, da *L'Italia...*, cit.
187 Perugia, Porta Marzia, in una foto ottocentesca. © D.R.

INDICE ANALITICO

BIBLIOGRAFIA

AA.VV., *Artigianato artistico in Etruria*, (Chiusi, Volterra), catalogo della mostra, Milano, Electa 1985.

AA.VV., *Case e Palazzi d'Etruria* (Siena), catalogo della mostra, Milano, Electa 1985.

AA.VV., *Civiltà degli Etruschi* (Firenze), catalogo della mostra, Milano, Electa 1985.

AA.VV., *Gli Etruschi. Mille anni di civiltà*, Firenze, Bonechi Ed. 1990.

AA.VV., *Gli Etruschi. Una nuova immagine*, Firenze, Sansoni 1984.

AA.VV., *L'Accademia Etrusca* (Cortona), catalogo della mostra, Milano, Electa 1985.

AA.VV., *La fortuna degli Etruschi* (Firenze), catalogo della mostra, Milano, Electa 1985.

AA.VV., *L'Etruria mineraria* (Portoferraio, Populonia, Massa Marittima), catalogo della mostra, Milano, Electa 1985.

AA.VV., *Santuari d'Etruria* (Arezzo), catalogo della mostra, Milano, Electa 1985.

AA.VV., *Scrivere etrusco* (Perugia), catalogo della mostra, Milano, Electa E.U.A. 1985.

AA.VV., "Airone" n. 54, ottobre 1985, Milano, G. Mondadori.

Bianchi Bandinelli, R. Giuliano A., *Etruschi e Italici prima del dominio di Roma*, Milano, Rizzoli 1973.

Bloch, R., *Gli Etruschi*, Milano, 1959.

Coarelli, F, *Le città etrusche*, Milano, 1973.

Cristofani, M., *Etruschi. Cultura e società*, Novara, De Agostini 1978.

Cristofani, M., *I bronzi degli Etruschi*, Novara, De Agostini 1985.

Cristofani, M. (a cura di), *Dizionario della civiltà etrusca*, Firenze, Sansoni 1985.

Cristofani, M. Martelli M., *L'oro degli Etruschi*, Novara, De Agostini 1983.

Heurgon, J., *Il Mediterraneo occidentale dalla preistoria a Roma arcaica*, Bari, Laterza 1972.

Heurgon, J., *La vita quotidiana degli Etruschi*, Milano, Rizzoli 1963.

Martelli, M., *La ceramica degli Etruschi. La pittura vascolare*, Novara, De Agostini 1987.

Pallottino, M., *Etruscologia*, Milano, Hoepli 1968.

Pallottino, M., e AA., *Rasenna. Storia e civiltà degli Etruschi*, Milano, C.I. E. Scheiwiller, 1986.

Pfiffig, A.J., *Religio Etrusca*, Graz, 1975.

Steingräber, S. (a cura di), *Catalogo ragionato della pittura etrusca*, Milano, 1984.

Steingräber, S., *Città e necropoli dell'Etruria*, Roma, Newton C. 1987.

Thuillier, J.-P., *Les jeux athlétiques dans la civilisation étrusque*, Roma, 1985.

Torelli, M., *Storia degli Etruschi*, Bari, Laterza 1981.

Torelli, M., *L'Arte degli Etruschi*, Bari, Laterza 1985.

Torelli M., *Etruria*, Bari, Laterza 1980.

Jean-Paul Thuillier insegna all'università di Grenoble ed è direttore d'istituto in quella École Normale supérieure di Parigi di cui è stato allievo. Associato di filologia classica, etruscologo e studioso di storia dello sport (sulla quale nel 1985 ha pubblicato una tesi di dottorato), ha svolto attività di scavo in Algeria, Tunisia e Italia. È membro dell'Istituto di studi etruschi e italici di Firenze.

Edizione italiana a cura di
Martine Buysschaert

Traduzione
Carlo Montrésor
Redazione
Marilì Cammarata
Lietta Manganelli
Consulenza scientifica
Paolo Cesaretti
Consulenza grafica
Marcello Francone

La sezione
"Testimonianze e documenti"
è stata realizzata
appositamente per
l'edizione italiana

Realizzazione tecnica
Elemond Impianti Industriali

Stampa
Editoriale Libraria, Trieste

Printed in Italy

Edizione originale francese
Les Etrusques: la fin d'un mystère

Edizione italiana

ISBN 88-445-0019-1

Universale Electa/Gallimard
La prima biblioteca tascabile illustrata

Volumi pubblicati

1. L'ANTICO EGITTO
archeologia di una civiltà
2. CRISTOFORO COLOMBO
ammiraglio del mare Oceano
3. I FOSSILI
orme di mondi scomparsi
4. MOZART
prediletto degli dei
5. LA SCRITTURA
memoria degli uomini
6. GALILEO
messaggero delle stelle
7. ALESSANDRO MAGNO
dalla Grecia all'Oriente
8. LE BALENE
giganti del mare
9. ROMA ANTICA
tra mito e scoperta
10. MARCO POLO
e la via della seta
11. VAN GOGH
il sole in faccia
12. POMPEI
la città sepolta
13. FREUD
il padre della psicoanalisi
14. I VULCANI
il fuoco della terra
15. MAOMETTO
il profeta e l'Islàm
16. I PELLEROSSA
popolo delle praterie
17. AMAZZONIA
un gigante ferito
18. GLI ETRUSCHI
il mistero svelato
19. IL SANGUE E LA VITA
tra mito e scienza
20. I MAYA
alla scoperta delle città perdute

In preparazione

21. GOYA
il sangue e l'oro
22. I GRECI
l'alba di una civiltà
23. IL CIELO
caos e armonia del mondo
24. I VICHINGHI
signori del mare

Già ai tempi di Roma antica gli eruditi si pongono la "questione etrusca": da dove proviene quel popolo raffinato e misterioso? A quale lingua conosciuta è affine il loro strano idioma, ormai caduto nell'oblìo? Ma solo nella Firenze di Lorenzo il Magnifico l'interesse per gli etruschi si ridesta prepotente. Finché, a distanza di altri secoli, la ricerca puntigliosa degli archeologi non permetterà di ricostruirne la vita quotidiana, la cultura, la religione, dissipando così la coltre del mistero.

L. 20.000

ISBN 88-445-0019-1

9 788844 500191